七十代、

ソロ活女子の四国遍路

Nanajudai
Sorokatsu Joshino
Shikoku Henro

YANAI
Etsuko
柳井悦子

文芸社

はじめに

七十四歳にして突然、一人旅に出ようと思い立った。

基本、乗り物に乗らず期限も設けず、朝から晩まで歩き続ける放浪の旅だ。確たる動機があるわけでなく、あえていうならコロナ禍の閉塞的な日常を打破したい衝動に駆られたというところか。

幸いなことにとっくの昔に離婚して独り身であるから、時間だけはたっぷりある。三人の娘たちも家庭を持って独立し、六人の孫たちも大きくなって、困った時は助けあうが、そうでない限り普段干渉しあうことはない。私に万一のことがあっても誰も困らない。私の役目は終わっている。

娘や孫たちは私のことを、「おかあさん」「おばあちゃん」と呼ばず、「えっちゃん」と呼ぶ。その呼称が孫や子と私の距離感を表していた。この度の放浪旅に関しても内心はわからないが、反対することなく、「えっちゃん気をつけてね。楽しんできて」とさっぱりしたものだった。この計画を知った、離れた地方に住む妹二人だけが、「大丈夫？　えっちゃん、いい歳なのに子供たちも心配するはずよ」と自分たちを顧みてしきりに不安がった。

私だって不安は多少ある。が、今ならぎりぎり体力・気力ともに間に合うかもしれないのだ。昔の人と同じように足を頼りにひとり山野を歩き続ける。自由気ままに。そんなことを考えるとわくわくした。

しかし気ままにといってもどこを歩くかが問題である。若い男の子のように野宿でもOKというわけにはいかない。適当に宿があり、自然が豊かで、道がつながっていて、さらに一人でも比較的安全なところとなると難しい。海外を含めていろいろ検討したが、最終的に四国以外にないという結論に至った。


四国には八十八ヶ所の札所をつなぐ、弘法大師《こうぼうだいし》空海が歩いたおよそ一四〇〇キロメートルの遍路道という文化遺産がある。徳島県の一番札所霊山寺《りょうぜんじ》から歩き始めると、高知県、愛媛県を経て、香川県の八十八番札所大窪寺《おおくぼじ》まで途切れることなく四国を一周できる。若者でも厳しい行程ではあるが、山あり川あり海ありと自然も豊かで、要所要所に宿もあって、前日までに電話予約を取りながら進めばいい。

　しかも十二年前に、四十三日かけて一度歩いたことがある。会社を早々に退職して組織の縛りから抜けると無性に放浪したくなり、事前準備もほどほどに、かつて耳にしていた四国遍路に飛び出したのだ。運動不足と不摂生からぶくぶくと太り、散歩の習慣すらない脚力であったが不思議に歩き通せた。体重も五キロ減った。何事もマイペースを守れば何とかなるものだと、その時改めて実感した。

　毎日毎日ひたすら歩き続けたあの時の自由さと解放感が未だに忘れられない。とりあえず一日一万円の予算で五十日間を予定したが、それにもこだわらないことにした。気の向くままだ。

　篤い信仰心があるわけではないが、コロナ禍真っ只中、出歩く人も少ないはず。再びあの豊かな巡礼の道を歩かせてもらおうと思った。

もくじ

八十八ヶ所札所マップ

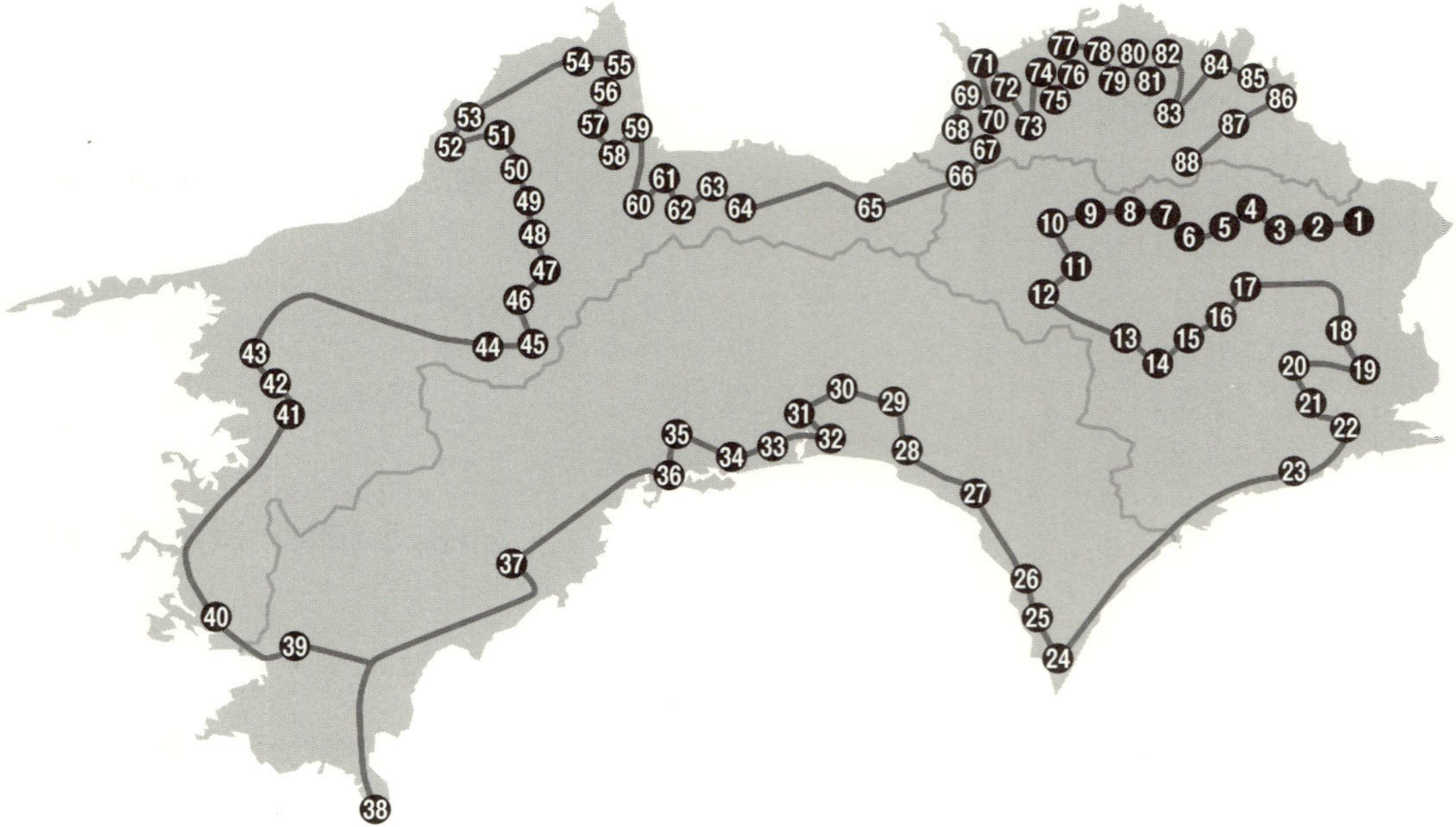
1 2 3 4 5 6 7 8 9 10 11 12 13 14 15 16 17 18 19 20 21 22 23 24 25 26 27 28 29 30 31 32 33 34 35 36 37 38 39 40 41 42 43 44 45 46 47 48 49 50 51 52 53 54 55 56 57 58 59 60 61 62 63 64 65 66 67 68 69 70 71 72 73 74 75 76 77 78 79 80 81 82 83 84 85 86 87 88

1 霊山寺
2 極楽寺
3 金泉寺
4 大日寺
5 地蔵寺
6 安楽寺
7 十楽寺
8 熊谷寺
9 法輪寺
10 切幡寺
11 藤井寺
12 焼山寺
13 大日寺
14 常楽寺
15 国分寺
16 観音寺
17 井戸寺
18 恩山寺
19 立江寺
20 鶴林寺
21 太龍寺
22 平等寺
23 薬王寺
24 最御崎寺
25 津照寺
26 金剛頂寺
27 神峯寺
28 大日寺
29 国分寺
30 善楽寺
31 竹林寺
32 禅師峰寺
33 雪蹊寺
34 種間寺
35 清瀧寺
36 青龍寺
37 岩本寺
38 金剛福寺
39 延光寺
40 観自在寺
41 龍光寺
42 仏木寺
43 明石寺
44 大寶寺
45 岩屋寺
46 浄瑠璃寺
47 八坂寺
48 西林寺
49 浄土寺
50 繁多寺
51 石手寺
52 太山寺
53 圓明寺
54 延命寺
55 南光坊
56 泰山寺
57 栄福寺
58 仙遊寺
59 国分寺
60 横峰寺
61 香園寺
62 宝寿寺
63 吉祥寺
64 前神寺
65 三角寺
66 雲辺寺
67 大興寺
68 神恵院
69 観音寺
70 本山寺
71 弥谷寺
72 曼荼羅寺
73 出釈迦寺
74 甲山寺
75 善通寺
76 金倉寺
77 道隆寺
78 郷照寺
79 天皇寺
80 国分寺
81 白峯寺
82 根香寺
83 一宮寺
84 屋島寺
85 八栗寺
86 志度寺
87 長尾寺
88 大窪寺

I　徳島県（発心の道場）

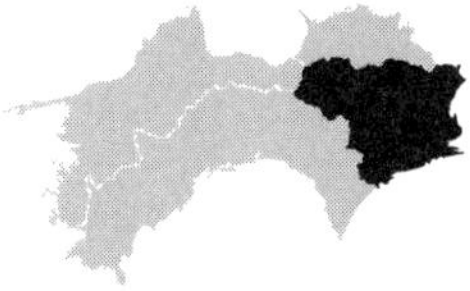

歩き旅スタート

二〇二二年四月六日、八キロのザックを背に、早朝ひっそりとマンションを出た。神戸市三宮から高知行きの高速バスに乗り、徳島県の鳴門西でバスを降りた。そこで前回使った白衣に着替え、菅笠《すげがさ》をかぶるといやが上にも気分が上がる。

前回とは違う交通手段だったので、高速道路を出る道がわからなくて右往左往し、ようやくそれらしい山道を見つけてやみくもに下った。自分がどこにいるのかわからず、神社で出会った人に尋ねると、二番極楽寺《ごくらくじ》近くにいるらしい。大回りしてようやく一番霊山寺《りょうぜんじ》に着く。出だしからこの調子で前途が思いやられた。

前回は白衣や菅笠、金剛杖、納経帳、経本、線香、ろうそく、納札《おさめふだ》などの遍路グッズをこの霊山寺の売店で揃えたが、今回はその時使用したものを使うことにして、杖だけは前もって山用のダブルストックを用意した。本来金剛杖は弘法大師の化身として尊く、ほとんどのお遍路さんが携える必須の備品である。だが体力と安全を考えると私にはダブルストックが必要だった。ダブルストックをお大師様と見なすことで許してもらう。

菅笠は日よけ雨除けの実用品であり、なくてはならない。白衣はもともと死装束の意味があるが、私は遍路道を歩かせていただく者として、そこに住まう方々へのご挨拶と思って着用した。特に山深い集落などを歩く時、白衣と菅笠は一目でわかり「私はお遍路です。怪しいものではありません。お邪魔いたします」というメッセージにもなる。四国に入ったらできるだけ巡礼のルールとマナーに従い、その上で自由、気ままを楽しもうと考えた。

札所では本堂と大師堂の二ヶ所にろうそく、線香をあげ、般若心経をとなえるのが基本だ。前回、この一番寺で経本を見ながら初めて読経した時、胸がドキドキして声を出すのがとても恥ずかしかったものだが、今回は落ち着いて読経ができた。相変わらず意味は詳しくわからないが、深遠な哲学を自分が口にしていることだけはわかる。コロナのせいかバスツアーもなく、参拝客が少なくて落ち着いた境内であった。

札所に参詣することを「打つ」というが、打ち方も何回かに分けて打つ「区切り打ち」と、八十八ヶ所を一気に打つ「通し打ち」があり、遍路の手段もバスツアー、マイカー、自転車、歩きなどがある。私は歩くことが目的であり、朝から晩までどっぷり自然に浸りたいので、当然、気ままな一人歩きの通し打ちということになる。

そうはいっても年齢もさることながら、山歩きも初心者コースで弱音をはく脚力であるから、歩きの通し打ちがそうそう簡単に達成できるとは思っていない。

まずは一番から歩き始めて三日目に当たる道中最大の難所、十二番焼山寺《しょうさんじ》を越せるかどうかが鍵になる。

挑戦者の六割が断念するといわれる試練の道であり、その焼山寺に押し返されたらさっさと撤退しようと決めていた。本当に一四〇〇キロメートルを歩き通せるかどうかが見えてくるのは、焼山寺を越えた後の話である。とりあえず今日明日を精一杯楽しむのだ。

山は黄緑色の若葉である。あんずの花と道端のかわいい草花に話しかけながら、二番極楽寺、三番金泉寺《こんせんじ》と順調に進み、静かな境内の木漏れ日の下で、三宮で用意したコンビニお結びを食べた。

四月だというのに夏のような日差しである。四番大日寺《だいにちじ》を打ち、五番地蔵寺《じぞうじ》に向かう頃にはばててしまい歩行速度も遅くなる。

歩道の草抜きをしていたシニア男性に声をかけられた。ボランティアで遍路道の整備をしているという。こういう方々の見えない奉仕のお陰で、私たちは安全に遍路道を歩かせてもらえるのだ。

たわいない旅行の話など十分ほど立ち話をした。このちょっとした時間が気分転換になり元気が出た。五番寺まで送ろうといわれるが、乗り物に乗らず歩き通すつもりなので、と丁重に断った。

五番地蔵寺《じぞうじ》の枝垂れ桜が満開。透明の薄ピンクの小花がため息の出るほど可憐で、納経所の女性がとても親切だったことと相まって、地蔵寺そのものがたいそう清《すが》しいものに思われた。

汗だくになって、陽のあるうちにこの日打ち止めの六番安楽寺《あんらくじ》に到着する。歩行距離は二十一キロメートルだった。

安楽寺は山号を温泉山というだけあって境内に霊泉が湧く。初日の宿となる宿坊に落ち着き一番風呂に一人ゆっくり浸かる。木造の年季の入った浴場に春の西日が差して静かだった。十二年前は二月、真冬のスタートだったので、初日から氷雨に打たれ、足を引きずりながら、夕方遅くこの先の七番十楽寺《じゅうらくじ》宿坊に辿り着いた。五時の納経にも間に合わなかった。それを思えば天国のようだ。

身に着けていた全てを洗濯機にかけ乾燥機にかける。使用料は洗濯機二〇〇円、乾燥機一〇〇円である。機械が不調のため生乾きだった。部屋干しに悪戦苦闘している間に、先祖供養の勤行《ごんぎょう》が終わっていた。

キャッシュカード

四月七日、二日目。この日は七番十楽寺から十一番藤井寺《ふじいでら》までの二十六キロメートルを歩く。

七番を打ち終え八番熊谷寺《くまだにじ》を目指すが、前回と同じ道迷いをして仁王門の内側に入ってしまった。徳島県の文化財に指定されているこの門は四国随一の規模を誇り、重厚な二層構造になっている。お参りを済ませて門を出ると散りかけの桜並木が待っていた。改めて仁王門を振り返り、古色を帯びた荘厳な姿にしばし見とれた。この桜並木を通って正面から近づきたかったと残念でならなかった。

九番法輪寺《ほうりんじ》前の草餅を当てにして来たが、店は閉っていた。

九番までは平坦地だが、十番切幡寺《きりはたじ》は山の中腹に建つ。鶯の声を聞きながら坂道を登り、息つく間もなく三三三段の階段に取り付く。本堂からさらに階段を上った大塔からは、快晴の空の下、明日向かう焼山寺を抱く四国山地が遠く一望できた。手前にこれから越える吉野川が光っている。

帰り際、九番法輪寺で声をかけられたお遍路姿のおじさんに再び会う。そっと近づいてきて
「今夜の宿は決まっとる？　まだやったらここに泊まって」

手書きの地図を渡そうとする。遍路の姿格好で近隣の札所に出入りして営業をしているのだった。別の宿をすでに予約済みと伝えていた私は、

「あれっ、先ほどお会いしましたね」

と笑うとおじさんはうっかり同一人物に二度も声をかけてしまったことに気づいて、面映ゆそうな顔をして離れていった。

コロナのせいで客足が遠のき、民宿の経営は困難を極めているに違いない。さっさと看板を下ろしてしまった民宿が多い中で、おじさんは逞しく生き残りをかけて努力をしているのだった。遍路にとっても有り難い存在といえた。

参道の仏具店で速乾性の化繊の白衣を買って、その場で着替えた。昨夜洗濯した時、乾きにくかった綿の古い白衣は着心地も悪く、その店から長女のところに宅急便で送

る。我が家の近くに住む彼女には、長い留守中のベランダの鉢植えの水やりと、郵便物の回収を頼んでいた。

広々とした田畑の間を進む。大型のうどん店が目に入り、昼食に肉うどんを注文する。四国最初のうどんであったが、腰がなくて少々期待外れだった。

吉野川の平野のような河川敷は、広大な畑となって野菜の大規模栽培がなされていた。収穫されないで取り残されたほうれん草がお化けのように肥大化していた。

吉野川にかかる長い潜水橋（沈下橋）を渡る。車一台がやっと通れる幅しかなく、欄干もないので目眩《めまい》がしそうである。私が渡りきるまで対岸で軽トラックが待ってくれていた。

日陰のない鴨島町《かもじまちょう》を、真夏のような日差しを浴びながら十一番藤井寺へ向かう。アスファルトの照り返しがきつく頭がくらくらする。日陰を求め、めったに使うことのないゆうちょカードを試すことにして郵便局に入った。ＡＴＭで出金を試みたがカードがうまく作動しない。

郵便局は町や村々に必ずといっていいほど存在するので、持参したのはゆうちょ銀行のキャッシュカードだけである。常に数日分の軍資金を手元に置きながら、都度、カードで出金していく計画だったので、使えないと旅そのものが成立しなくなる。

あわてて窓口に相談すると、磁気の異常らしく、直るかどうかわからないと言われる。シャレでなくなった。複数のカードを用意しなかったことを後悔した。そわそわしながら待っていたら運よく回復する。大喜びする私に女性の局員さんも「よかったですね」と同調するように微笑み、「磁気を守れるかどうかわからないけど」と言いながらカードカバーをサービスしてくれた。

重い足を引きずってようやく藤井寺に到着する。本堂と大師堂前に設置された納札入れが、回収されないお札で溢れかえり、境内がわびしく暗い雰囲気に包まれていた。

明日のために、境内わきにある焼山寺への登山口を確認して近くの民宿に入る。焼山寺登山の足掛かりとして立地がいいので人気の宿だと聞いていた通り満室だった。宿泊客は私を除いて男性ばかり。歩き遍路の女性はもともと圧倒的に少ないから不思議ではない。宿到着が最後だったのでお風呂と洗濯の順番を待つ間、畳に横になった。
地図帳を開いて、いよいよ明日に迫った難関の焼山寺に思いを馳せる。
成るように成る。
不思議とネガティブイメージが湧かなかった。

遍路転がし

宿を朝七時に出る。空は青々と晴れ渡り、焼山寺山に歓迎されているようで心強い。昨日お参りを済ませた藤井寺境内から登り始める。焼山寺まで三つの山を上り下りするが、その所要時間は「健脚五時間、平均六時間、弱足八時間」とかいわれる。私は何時間かかるのだろう。到着できたら幸いというものだ。

昔から遍路泣かせの難所を「遍路転がし」といい、「一に焼山、二にお鶴、三に太龍、へんろ泣く」と言い伝えられる。これは十二番焼山寺、二十番鶴林《かくりんじ》寺、二十一番太《たい》龍《りゅうじ》寺のことで、歩き遍路は一番から歩き始めたら、だいたい一週間内に八十八ヶ所中最大の遍路転がし三ヶ所を、通過儀礼のごとく体験させられるのだ。中でも一番の難所が焼山寺である。私にとっても三日目の正念場というわけである。

「へんろころがし1／6」の看板が目に入り、いきなり急坂となる。つまり焼山寺に着くまで六つの難所があるということ。同宿のお遍路さんたちはとっくに先を行き、姿が見えない。私の旅の成否はこの焼山寺にかかっているので、焦る気持ちを抑え、「ゆっくり、マイペース、踏破」と自分に言い聞かせる。

しんがりのつもりでいたのに、長戸庵《ちょうどあん》で休憩していると高齢の男性Sさんが到着する。少し離れた宿に泊まっていたのでその分の遅れらしい。

八十一歳で十三キロのザックを背負っている。奥様の代参もしていると言い、納経帳も二冊持参しているそうだ。自分より年長の人に会って勇気が出る。その後、抜きつ抜かれつしながら進んだが彼の足取りはしっかりしていた。

ほぼ半分の行程に当たる柳水庵《りゅうすいあん》下の休憩所にさしかかると、それまでの暗い森からエアポケットのように空が抜け、桜が爛漫と咲き誇っていた。多幸感に包まれてしばらく佇んだ。そこに至るまでも厳しい急登後の尾根道で、あまりにも清々《すがすが》しい空気感に現実味をなくす瞬間があったが、この日の山中にはあちこちに天国が用意されているようだった。早々に、宿で用意してもらったお結びを、桜に囲まれて食べた。

二つ目の山の頂にある浄蓮庵《じょうれんあん》までの登りは、前回、途中で足が動かなくなって、もはやこれまでかと心が折れかけた山道だったが、今回はいつの間にか浄蓮庵に着いていた。階段下から一本杉を背にした弘法大師像を見上げた時「よく来た」と声をかけられた気がした。

その後ほとんど休憩することなく一気に山を下り、最後の一番厳しい山を登り返して午後二時頃に焼山寺に着く。七時間掛かっていた。

広々と明るい境内の杉木立に迎え入れられた時、難関を突破した喜びが湧きあがってきた。前回のように立ち上がれないほどの疲労もなく、これで八十八ヶ所を歩き通せると確信する。自分で歩いたというより何者かに運ばれてきたような奇妙な感覚であった。

一息つくと、子供と妹たちに「焼山寺クリア」の一斉ＬＩＮＥを送る。彼女らは「よかったね。おめでとう」と素直に喜んでくれたが、同時に、「これでえっちゃんはしばらく帰って来ない」と観念したはずであった。

まもなく到着したＳさんと一緒に焼山寺を後にする。

Ｓさんは奥様の分の御朱印をもらえなかったとしょげていた。ここまではもらえていたのにと不満そうである。Sさんと寺側の考え、ともになかなか微妙なところだ。

麓《ふもと》の鍋岩《なべいわ》地区まで急な湿った坂道を四キロメートルほど下る。途中、苔むした石に足を滑らせてSさんが仰向けに転倒して肝を冷やしたが、大きなザックに守られて無事だった。

彼は宿が決まっていないという。村にある二軒の小さな宿は満室である。私の泊まるゲストハウスの主人に相談すると、私を外に放り出したまま奔走し、Sさんの寝場所を確保してくれた。

主人の送迎を受け、枝垂れ桜の道を縫って神山《かみやま》温泉に行き、疲れを癒した。夕食のカレーを食べながら主人の話を聞く。彼は幾度かの歩き遍路の体験があり遍路の気持ちをよく理解していた。できるだけ多くの遍路が難関の焼山寺越えができるよう心を砕き、負傷した人を助けたり情報を集めたり遍路文化を守るために日々努力をしていた。

だが鍋岩地区の最大の問題は宿不足にある。何軒かあった民宿が近年廃業し、お遍路は苦労して焼山寺を越えても宿がないという試練にぶち当たる。

主人は収容人数を増やして遍路に寄り添う新しい宿を作りたいと熱く語った。食事が終わっても話は尽きなかった。夢を語る主人は中年なのに青年のように若々しく見えた。独り身で頑張っている彼の夢が叶ったら私もどんなにうれしいか。

お接待

翌日は主人の勧めもあり、玉ヶ垰《たまがたお》コースで十三番大日寺（四番と同じ名前）を目指すことにした。厳しいけれど近道で景観もいいという。前回は県道と国道のコースを歩いて、単調で長距離のアスファルト道に心身ともに打ちのめされたので峠越えに迷いはなかった。

しばらく暗い山道を行くと大日寺を指す道標があった。それに従って進むが、踏み跡があるものの足場の悪い藪《やぶ》が続いて、終《しま》いには行き止まりになった。不安になりながら行ったり来たりしたが、あきらめて元の道に戻る。途方に暮れていると遍路札らしきものがはるか先方に見えて胸を撫で下ろした。道標がずれていたのだった。

最後にごつごつとした岩場の直登を登り切ったら峠だった。後は嘘のようになだらかな下りの舗装道だ。森を抜けて集落に出る。視界が一気に開け、桃源郷さながらに桜や桃や色とりどりの春の花々に迎えられた。

眼下にも春霞の遠い山の裾野にも薄ピンクの集落が点在している。谷に突き出た休憩所のベンチに腰掛けると宙に浮いた気分である。汗ばんだ体を桜色の風がすり抜けて行った。

山を下り切ると日陰のない炎天下の県道だった。休憩所で若いカップルに会う。二十二キロと十三キロのザックを担ぎテント泊で通し打ちを目指しているという。ザックを持たせてもらったがピクリとも動かない。昨日これを背負って焼山寺を越えたのかと驚く。疲れ切っているのが一目でわかった。チョコレートを分け合って食べる。

青年は水場とトイレのあるテント場を探すのが一番の苦労だと語った。

「食料を持たないといけないから重くて大変」

最初不機嫌そうに押し黙っていた連れの若い女性も、表情を緩めて会話に加わって来た。長めの休憩の後、

「またどこかで会えるといいわね。お互いに頑張りましょうね」

手持ちのガムを渡して別れた。それがおやつの最後だった。

鮎喰川《あくいがわ》に架かる小さな潜水橋を渡り、川沿いに歩き続ける。

昼時になったが食堂も店も見当たらない。休む場所もなく、暑さと空腹でふらふらになって歩いていると後ろから来た車が止まり、「よかったらどうぞ」と中年女性がスナック菓子の袋を差し出した。

四国の人々が巡礼者に食や宿、お金などを施すことを「お接待」というが、まさにそれである。天の恵みに思えた。名刺代わりに納札を渡して感謝して頂いた。車を見送るとすぐに袋を破って歩きながらむさぼった。ありきたりのスナック菓子なのに、こんなに美味しいお菓子があったのかと感じ入った。

しばらくすると今度は前から来た車が止まり、「やあ、無事ですね。次の橋を渡るのですよ」と言って走り去った。今朝別れたゲストハウスの主人が道迷いを心配して様子を見にきてくれたのだ。このようにして主人は日ごろからお遍路を見守っているのだと再認識した。こんなお接待もあるのだった。

街が近づいたころようやく車屋台のラーメンにありついた。夕食が近いので程々が望ましい。半玉ラーメンと鶏からあげ二個というメニューにない無理難題を聞いてくれた。

徳島市郊外の十三番大日寺に到着する。二十キロメートルほどしか歩いていないのにそこが限界だった。前日の焼山寺越えが響いている。十六番近くの宿を予約していたのでそこまで進みたかったがあきらめて宿に迎えを頼んだ。大日寺までなら迎えに行きますよと昨夜の電話で聞いていたので甘えてしまった。

徳島市街

昨日打ち終えた十三番大日寺門前まで送ってもらってスタートする。この日は徳島市郊外の十四番常楽寺《じょうらくじ》、十五番国分寺《こくぶんじ》、十六番観音寺《かんおんじ》を経て十七番井戸寺《いどじ》までの四つの札所を打ち、市中心部のホテルまで歩く。迷うほどの道ではないのに街に入るとなぜかスムーズに進まない。さらには井戸寺を出てすぐに方角違いに進み、人に尋ねながら大回りして徳島市街に入った。

都会の喧騒が苦手なうえに、市街地に入ると遍路道標と遍路マークが途端になくなり、地図が読めない私は迷路に入ったようになる。グーグルマップも私にはほとんど役に立たない。都会には山中には無い気疲れと緊張があった。

すっかり足が重くなり、休憩場所を探して歩いていると、しゃれたレストランが目に入る。遍路姿であることに気後れしながらドアを押したが、気持ちよく案内されてほっとする。しかし店内を見渡せば、大きなザックに白衣と菅笠は、異端者であることに違いなかった。

「ごめんなさい、明日からまた山に隠れますので大目にみてください」と胸の内で謝りつつ多少開き直って久しぶりにまともなランチをとった。

この日は翌日以降の行程を考えて調整日にしていたので県庁近くのビジネスホテルに早々にチェックインする。

フロントで青年にそっけなく部屋の鍵を渡された。部屋に入ったがホテルの館内案内も電話もない。ランドリールームやレストランの場所を知りたくてもお手上げだった。エレベーターに乗りフロントに下りて尋ねると、

「タブレットがあるでしょう？　ほかに何か？」

と係りの青年はさらにそっけない。そういえばあった、あった。あれをイジればいいのか。初めにそう言ってくれたらよかったのにと思いつつ部屋に戻った。ところがタブレットがうまく立ち上がらない。再びエレベーターに乗りフロントにそれを持って下りた。青年は舌打ちが聞こえそうな顔で受け取り、面倒くさそうに操作していたが「ハイ」とひとこと言ってタブレットを手渡した。

再び部屋に戻って操作すると、館内案内、電話、テレビ、ネット、全てがそれ一台で完結するようになっている。とても便利で素晴らしい。感心する。人と対面する必要が全くないのだ。でも何だか気に食わない。私は機械ではなく人間だ。人と血の通った対話がしたい。だんだんと腹立たしくなってきた。

文明の利器は苦手だ。

都会も嫌い。

このホテルもいや。

フロントの青年はもっと嫌い。

八つ当たり気味になってぐったりした。

翌朝、チェックアウトの時対応した女性はとても感じがよかった。昨夜も今朝もレストランのスタッフたちもとても親切だった。もしかしたらあのフロントの青年は日本語がうまく喋れないアジア系の外国人だったのかも。あちこちで外国人労働者が増えていることだし……。

あれこれ考えるとさらに疲れた。やはり私は都会とは相性が悪い。

お姉さん

四月十一日、六日目、ホテルを出て十八番恩山寺《おんざんじ》までの国道五十五号歩きは単調で長かった。スーパーマーケット、ファミリーレストラン、自動車整備工場、コンビニ……ありふれた都会の郊外の景色が続く。二時間も歩くとこの道が正しいのか心配になり、派出所に立ち寄って確認した。道は間違いなかったがストックを派出所に置き忘れたためお巡りさんが追いかけてきた。迷惑をかけて本当に申し訳なかった。十二年前の見覚えのある休憩小屋を見つけた時は我家に帰ったように安心した。

靴下を脱いで休んでいると若い女性のお遍路さんが入ってきた。初めての女性遍路に会えてうれしくなったが、最初の挨拶のタイミングを失ったために取り付く島がない。気まずいところに八十代と思しき地元の女性が杖をつき足を引きずりながらやって来た。

「どっこいしょ」と腰かけ、

「あんたどこから来たん」

遍路姿でいると必ずといっていいほど聞かれる質問である。北海道や東京など遠方だと「そうかあ、はるばるたいへんだねえ」と労《いたわ》られるが、関西だと「そう……」と拍子抜けの顔をされるのが落ち。おばあさんもそんな顔をして、

「あんた私よりお姉さんのようやけど、よう歩けんなあ。わたしゃこんなに足よれよれよ」

ズボンをめくって湿布を盛大に貼った細い脛を見せた。年齢を聞いたら七十七歳である。私はいったい何歳に見えたのだろう。おたがいの甚だしい勘違いを思っておかしくなった。

「あんたはどこから」

若い女性にも質問が飛ぶ。横浜から来たと彼女が答えると次々に話しかけられて個人情報が暴かれていく。彼女はRという名の台湾人で、無口なのは十六年も日本にいるのに日本語が流暢でないためと判明する。

おばあさんのお陰で座が和み、三十代の独身と思っていたRさんが五十歳で、夫と

高校生の息子がいると知って私たち二人はのけぞった。長年勤めた外資企業を辞め、転職の合間を縫って遍路に出てきたこともわかった。

Rさんは世間話が苦手なようで一足先に十八番恩山寺に向けて出て行った。私も腰を上げ、はるか遠くに白衣を見ながら後に続いたが、そのうちRさんの姿は見えなくなった。

十八番を打ち終えると十九番立江寺《たつえじ》までは四キロメートル、今度は迷うことなく進む。境内でザックの代わりに大型の四角いゴミバケツを背負ったお遍路さんを見かけた。金剛杖を携えているが白衣も菅笠もなく真っ黒に日焼けしている。もしかしたら家に帰らず何年も遍路を回り続けているのかもしれない。そんなお遍路さんもいると聞いた。

二十番鶴林寺に向かう田園の中にコンビニがあった。コンビニはお遍路のオアシスである。トイレ休憩をかねて立ち寄ると、ガラス壁が大破し警官や取材陣がうろうろしている。野菜ジュースを買ってイートインに入ると、ガラスが散乱した中に高齢男性が呆然として椅子に掛けていた。事故を起こした当人のようであるが、怪我はないみたいで安心した。

　鶴林寺麓にある元小学校をリノベーションした宿に入る。そこは地元の人たちで運営されており設備が普通の宿以上に充実していた。特に男女別のトイレと、順番待ちの必要がない広くて清潔な浴場が何よりありがたかった。

「校長室」「理科室」などの部屋の名も懐かしく、私にあてがわれたのは「幼児室」である。満室の時のみ使われる小部屋だがその代わり宿泊料も割安に設定されていたから文句はなし。食事もサービスも過不足がなく心地いい。

　夕食後二日先までの宿の予約を取り終え、子供と妹たちに日課となったＬＩＮＥを送る。内心心配しているだろう彼女らに〝安否確認〟を兼ねその日の出来事を記して毎日報告しているのだ。

夕暮れの峠越え

四月十二日、家を出て一週間が経つ。この日は一番難所の焼山寺に続く二、三番手の遍路転がし、二十番鶴林寺、二十一番太龍寺が控えていた。そのあとさらに十キロメートルほど歩いて二十二番平等寺《びょうどうじ》近くの宿がゴールである。足はまだ問題ないが疲れているのに睡眠導入剤を飲んでも数時間で目が覚めた。トイレが男女共用の宿もあって落ち着かず、便秘の悩みもあった。

体調万全といえない中で登山を開始する。二時間近くかけて直登した標高五五〇メートルの鶴林寺は狭い境内にバスツアーのお遍路さんが溢れ、納経所での待ちを覚悟したが添乗員が先を譲ってくれた。バスツアーの場合、添乗員が客の納経帳を預って一括して納経所に持ちこむのだ。私は、前回使用した納経帳を使っているので、墨書はなく朱印を追加するだけ。三〇〇円払って一分で終わった。

膝を攻撃してくる段差の大きい丸太の急階段を下り切り、那賀川《なかがわ》を渡って今度は標高六一八メートルの二十一番太龍寺を登り返す。山道に沿う沢のせせらぎが心地よい。水が澄み切って深い淀みに魚影が見えた。淀みが現れるたびに魚を見ようと何度も立ち止まってしまい、なかなか距離が稼げない。

中腹まで登ると先ほど下りて来た鶴林寺が木々の間から遠くに見えた。二山の遍路転がしは厳しくはあったが焼山寺に比べれば覚悟したほどではなかった。

太龍寺は隅々まで念入りに掃き清められていた。起伏のある自然公園のような広い境内に杉の巨木とたくさんの伽藍《がらん》が散在し、どこをとっても絵になる。

桜の木の下で休んでいる台湾人のRさんを見つけ、一緒に舎心《しゃしん》ケ《が》嶽《たけ》まで足を延ばす。そこは十九歳の空海が四国で初めて修行をした場所と言われている。簡単に行けると思ったがかなり厳しい上り坂だった。

若き日の大師像が崖上にあった。ロープを頼りに登ると大パノラマが広がっている。だが私は足がすくんで立ち上がることもできず早々に降り、Rさんが悠々と天空の大師像と並んで万歳しているところを下から写真を撮ってあげた。ＬＩＮＥを交換し、ロープウェイとバスを使って二十二番を目指すという彼女とそこで別れた。山道を歩きたい私は下り七キロメートルのいわや道という遍路道に足を踏み入れた。

山中はまだ二時だというのに日が陰り、透明感のある美しい山道なのに楽しむゆとりがなかった。人ひとりがやっと通れる足場の悪い細道を脇目も振らずに下る。心細さに胸が苦しくなる。

すごいスピードで後ろからやって来た初老の登山者に道を譲った。見失うまいと小走りで後ろにつくと、気づいて歩調を緩め先導してくれた。地元の人で、トレーニングを兼ねて山歩きをしていると言い、韋駄天《いだてん》のように軽々と上り下りする。「飛ぶような歩き方ですね」と言うと、楽に山道を歩くための足の運び方を丁寧に教えてくれた。試してみたがついて行くだけで精一杯、にわかにコツを掴むことはできなかった。陽のあるうちに麓に着き一安心した。

平等寺はさらに薄暗い大根峠《おおねとうげ》を越えた四キロメートル先にある。その男性は時間が遅いこととその峠道はあまり快適な道ではないことを理由にあげて、国道を行くことを強く勧める。地元の人の助言に従うべきだったがどうしても遍路道を捨てきれず、お礼を言って男性と別れてから山道に入って行った。

峠道は暗く、湿り気を帯びた陰気に支配されていた。段差が大きく、苔むした丸太の階段が続く登りは、この日二つの遍路転がしを越えてきた脚にひどくこたえた。高く伸びた杉林の梢《こずえ》がきしんでギイギイと不気味な音を立てる。一刻も早くこの暗い峠を抜けねばと焦る。前回は真昼にこの峠を越えたのだが、明るい麓の枯れ田に下り立った時亡くなった母のことが突然頭に浮かび、親不孝の後悔と懐かしさが溢れてきて子供のように号泣したことを思い出す。今回は何事も起こらなかった。

平等寺の納経時間に間に合わず、さらには宿の所在がわからず、探しながら民宿に着くと、風呂上がりのピカピカの頬をしたRさんがいた。

入浴と洗濯がこの日も最後、家族にＬＩＮＥを送信し日記をつけて翌日の準備をしていたら夜中になった。

逆打ちの娘さん

昨日、納経に間に合わなかった平等寺に朝一番に参ってから二十三番薬王寺《やくおうじ》を目指す。

薬王寺へは最短の国道五十五号線を行く山コースと、遠回りの旧街道を通る海コースがあるが迷わず海コースを選ぶ。単調で車の多い国道より多少遠回りでも旧街道や山越えが好きなのだ。

山道は足に優しく、ひと気のない山の空気は癒しと安心を与えてくれた。また軒《のき》の低い古い町並はいつも懐かしさで胸を締めつけてくる。宿の主人も絶対的な海コース派のようで、昨夜も客に相談されると地図を片手に熱心に道を教えていた。私は教えられれば教えられるほど頭がこんがらがった。

予想通りこの日も最初から道迷いを繰り返し時間ばかり食っていた。気落ちしながら由岐の旧街道を歩いていると、

「着いた。まるで五時間」

Rさんから意味不明なＬＩＮＥがくる。まだ十二時を過ぎたばかりで私はまだ行程の半分である。お寺の写真が送られてきて彼女が薬王寺に到着したことを理解した。国道コースはそんなに楽チンだったのか。区切り打ちの彼女は徳島最後の薬王寺で区切るか、高知県足摺まで足を延ばすかで迷っていたがどう決断するのだろう。

私は旧街道をさんざん大回りして田井《たい》の浜《はま》に出た。急に視界が開け白い海が広がる。四国に入って初めての海にうきうきする。サーファーたちが洗車している横の四阿《あずまや》で海を眺めながらどら焼きを食べた。直前に出会ったバスツアーの若い男性添乗員さんにお接待としていただいたものだった。「歩きの通しとはすごいですね。頑張ってください」と男性は励ましてくれた。

岬道「俳句の小径」の句碑を読みながら緩やかな坂道を上っていくと、山座峠《さんざとうげ》に導かれた。

舗装道路に合流し、ベンチに腰かけている男性お遍路さんに挨拶をして通り過ぎる。すぐに海に出るはずなのに鬱蒼とした杉木立のヘアピンカーブをどんどん山に入って行く。ずいぶん時間が経って間違いに気づいた。地図ではお遍路さんがいた脇に、ショートカットの遍路道の入口があったのだ。七〇〇メートルで済む距離を四キロメートルも迂回する。

やっと海に戻って安心したらまた間違えて峠道に進んでしまった。せっかくの海の景勝地、恵比須洞《えびすどう》を見ることができなかった。自己嫌悪が頂点に達し疲労も倍増する。消耗しきって三時半に日和佐《ひわさ》の二十三番薬王寺に着く。Rさんから三時間遅れ。当然彼女の姿はなかった。

本堂から日和佐の街とその先に広がる海を眺めていると、足をかばいながら若い女性が通りかかった。白衣は着ていないがザックを背負って菅笠を被り金剛杖をついている。声をかけると、逆打ちで歩いているがマメがひどくてこの先続ける自信が無くなったと言う。かわいらしい孫のような娘さんが、逆まわりに八十八番から歩いてきたのかとびっくりする。遍路地図も遍路標識も順打ち対応だから道中の苦労は如何ばかりだったたか。

「履きなれた靴を家から送ってもらうつもりだけど」

元々おとなしそうなところにさらに声に力がない。マメのつらさは私も前回の遍路で骨身に染みている。ちょうどこの薬王寺あたりから始まり、愛媛県に入るまでの二週間、マメの痛みに悶え苦しんだ。特に休憩後の歩き始めに走る激痛は耐え難かった。そのまま我慢して歩き続けていると痛みがいくらか麻痺するが、これの繰り返しであるから休憩が怖かった。指と足裏に水泡が拡がり、その水抜きをして消毒し、テーピングする、これが寝る前の時間のかかるルーチンだった。

そのため今回は前回以上に慎重に靴を選んだ。舗装道と山道、相反する機能を満たす靴に巡り合うまで二足を無駄買いしたくらいだ。インソールと二重履きの靴下にも神経を注いだ。おかげで今のところマメができかけても治療効果のある絆創膏を貼るだけで治まっている。

彼女にこの絆創膏を教え、休憩時には靴と靴下を脱いで足に風を通すこと、しばらくは大幅にペースダウンすることなど、当たり前の話をしながら歩調を合わせて彼女の宿まで同行した。

「続けてみようかしら」

顔が少し明るんでいる。遍路を諦めたくない彼女の本音が痛いほど伝わる。ただ少しだけ弱音を吐きたかっただけ。

「大丈夫、行けますよ」

大学生の孫娘を重ね合わせるようにして肩を叩いた。

「ここまで来たのはすごいこと、あともう少しよ。自信を持って！」

残るは徳島県のみである。遍路転がしが続くがここを乗り越えてほしいと思った。

この経験はきっと彼女の人生の糧になるはずだった。

私はやっと「発心の道場」徳島県が終わるところである。娘さんを励ましながら自分の方が勇気づけられていた。

逆打ちと順打ちは一度会ったら二度と交わることはない。

どうか娘さんの残りの道中が無事でありますように。

Ⅱ　高知県（修行の道場）

マダムのお接待

九日目、日和佐の宿を出てしばらくしたら雨が降り出した。旅に出て初めての雨。国道五十五号線沿いの民家の軒を借りてポンチョを着る。ザックの上からポンチョを着るのは初めてのことで意外に手こずった。

しばらく行くと「室戸《むろと》まで八十キロメートル」の道標が出てきた。次の二十四番最《ほっ》御崎寺《みさきじ》までこの距離を二泊三日で歩くのだ。

別格鯖大師《さばだいし》のお参りを済ませた頃に本降りとなる。雨宿りを兼ねて海陽町の浅川駅のバス停で休憩していると、けたたましくサイレンが三回も鳴り響いた。ここは昭和南海地震で大津波の被害を受けた場所だ。海岸沿いの街道には、いたるところに津波避難場所が設けられている。すわ津波かと身構えたら「〇〇さんの家から煙が出てい

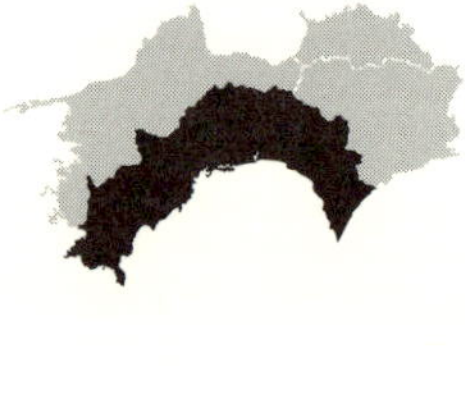

ます」。消防団員の招集だった。

その後、歩き出して三十分もしないうちに、

「お接待が生きがいなんよ。休んでって」

喫茶店のマダムが傘も差さずに飛び出してきて強引に店に引き入れられた。

「水にこだわるコーヒー」と幟《のぼり》にある。コーヒーが出てきたがミルクが無い。まずいコーヒーを飲みながらしばらくマダムのお喋りの相手をする。そのうちカラオケが始まった。マダムは地元のお客さんとデュエットをする。歌が終わるのを待ってお暇《いとま》しようとすると、悪びれるふうもなく相場以上の高いコーヒー代を請求された。

何がお接待だったのかと首をひねった。どうも私が逆にお接待を強要された気分だ。面倒なポンチョの着脱と苦いコーヒーの後味が残った。

この日三十二キロメートル歩いて海部《かいふ》の宿に到着した。建物は古びているが温かく優しいご夫婦に出迎えられる。

「雨の中大変でしたね。雨具はここに。靴はそのままでいいですよ。あとで新聞紙を入れておきますね」

清潔なお風呂から上がり、料理屋並みのびっくりするような料理の数々を並べられると、不快なコーヒーの後味もすっかり消えてなくなった。

客は東京から来た区切り打ちの男性お遍路さんと二人だけ。サラリーマンだというその人は大柄でいかついだけでなく、浴衣をはだけて椅子に掛け、片足を胡坐《あぐら》をかくように膝に載せて食事をする。だみ声も気になる。

もしかしたら特殊な稼業の人かもしれないと怖くなり、寡黙にならざるを得なかった。


雨が上がった翌朝、三十四キロメートル先の宿を目指す。今日も札所はない。宍喰《ししくい》の道の駅でトイレ休憩を取り、水床《みとこ》トンネルを抜けていよいよ「修行の道場」高知県に入った。

延々と続く代わり映えしない海景色と日陰のない国道歩きは山よりつらく、心身に強いダメージを受けた。民家も自販機もトイレもない区間が長く続き、「遍路転がし」ならぬ「遍路ごろし」と言われるゆえんと知る。

雲行きが怪しくなり、宿に着く手前で風雨となる。海はみるみる大荒れ、波をかぶったようにずぶぬれになって宿に着いた。

もう一人の客が暗くなっても到着しない。宿の主人が心配し、電話をして迎えに行こうとしたが、自力で進みたいと言っているらしい。主人が食事の片付けが遅くなることに不満を漏らしたが、私はそのお遍路の気持ちも理解できた。できるだけ自分の力で歩き通したいのだ。

七時過ぎに男性が雨に打たれて疲れ切った様子で到着する。昨夜海部で同宿したあのいかついお遍路さんだった。白衣も菅笠もなく半袖シャツの軽装で、嵐の中折りたたみ傘を差して歩いて来たらしい。大きな体を小さくして主人に遅くなったことを真摯に詫びていた。

「大変でしたね」とねぎらうと、宍喰の旧街道が素晴らしくて、つい時間配分を誤ったと照れた。無骨に見えるが実は繊細で柔らかな感性の人なのだとわかった。私はうっかりその旧街道を見逃して、国道を進んでしまったことを無念に思った。彼は初めての区切り打ちらしく、明日室戸岬の二十六番でいったん区切って東京に帰りますと名残惜しそうに言った。

部屋から海は目と鼻の先。怒涛の打ち寄せる暗い太平洋を間近に見ていると、旅の宿にあることを否応なく思い知らされた。

ストック騒動

四月十六日、快晴。薬王寺から三日目にしてようやく室戸岬に到着した。予約していたAホテルに荷物を預け、弘法大師修行の場である「神明窟《しんめいくつ》」「御厨人窟《みくろど》」を見学し、二十四番最御崎寺へと山に入る。飽き飽きした国道五十五号を離れて土道に足を踏み入れたとたん、きつい登りなのに足が喜んでいるのがわかった。最御崎寺は日数をかけて辿り着いたわりには、気が抜けるほどさっぱりとして素朴な雰囲気だった。

戻りはヘアピン車道を下るが視界を遮るものがなく、太平洋を見晴るかすあっぱれなパノラマ道である。空と海のあわいを水平線が弧を描くように画していた。気持ちまでおおらかに、天上まで拡がっていく思いだ。空海がこの室戸岬を修行の地に選んだ理由がおこがましくも少しわかる気がした。

二十五番津照寺《しんしょうじ》まで足を延ばしてホテルの迎えを待った。

入浴と食事を済ませて三日先まで宿を予約し、あとは寝るだけという段になってストックがないことに気づく。津照寺の納経所までは確かにあったから、迎えの車を待っていた階段下の道端に置き忘れたに違いなかった。だがすでに六時間も経っている。そのままそこにあるとは思えなかった。

ストックは私にとって金剛杖代わりの同行《どうぎょう》二人《ににん》であり最も重要な物。ダブルストックのお陰で幾多の難所を越えられた。それなしに今後厳しい山道をどう凌げばいいのだろう。改めて求めるにしても高知市のスポーツ専門店まで行かねば手に入らない。金剛杖でさえこの辺地ではどうだか。まさかここでお遍路を打ち切らねばならないのか。心が千々に乱れる。

じっとしておれなかった。とにかくタクシーで津照寺まで行ってみようとフロントに相談すると、車を出してくれることになった。時間は夜十時過ぎ。見事な月夜である。しかしその場所にストックはなかった。納経所にもなかった。皓々《こうこう》と照る月光を浴びながら絶望した。

翌朝、津照寺まで送ってくれたのはホテルの社長さんであった。

「今日、見つかるといいですね」。昨夜の騒動が業務連絡で伝わっているのだ。たった一人の客の、つまらないトラブルにかかずらわせて身の縮む思いだった。これ以上心配をかけてはいけないと話題を変えた。

十二年前に比べ、今回はコロナ禍と経営者の高齢化のせいで民宿が減少し、宿が取りにくくなっていることを話した。

「ホテルも同じですよ」

観光客が激減し、経営が大変厳しくなっていると社長は語った。確かに昨夜も今朝も広いレストランに客は二組だけだった。これで観光ホテルとして経営が成り立つのだろうかと他人事《ひとごと》ながら心配になったくらいである。

さらにホテルの老朽化や経営者難など様々な問題があることや、ホテル経営に携わった個人的ないきさつまで一遍路の私に心を開いて話してくださった。静かな抑えた口調であったが経営者の苦悩がひしひしと伝わった。

今回のコロナ騒動は奇妙なことが多かった。私の周囲にコロナで重篤化した人や亡くなった人は一人もいない。本当にパンデミックが起きているのだろうか。そうではなく、もし何らかの意図が働いているとしたら、非常に罪深いと思った。人々はコロナ以前に経済によって殺されていく。

門前に着き、ダメ元で再び納経所への長い階段を上ると、昨夜なかったそれが杖立にあった。何が起きたのか、面食らった。遍路ではよく摩訶不思議なことが起こると聞いていたがそれだろうか。そう思うほうが幸せな気がした。とにかくうれしくてストックを掴んで階段を駆け下りると、心当たりに電話をかけていた社長さんが「よかった、よかった」と自分のことのように喜んでくれた。

昨夜はほとんど眠れなかったのに、いっぺんに心が晴れ上がった。これで遍路が続けられる。遍路転がし、どんと来いという気持ちだった。たかがストックだが私には命の綱なのだ。

Aホテルの方々の親切と深い思いやりに感謝しながら二十六番金剛頂寺《こんごうちょうじ》へ向かった。そして本堂と大師堂の前でAホテルの存続と、社長さんの苦闘が報われるよう気持ちを込めて手を合わせた。

お四国病

金剛頂寺には想い出があった。

十二年前のその日、宿坊は休業であったが、電話に出た住職の奥様が「女性の歩き遍路さんをお断りするわけにはいきません」と、私一人のために宿坊を開け、殿様のようなお座敷と食べきれないほどのご馳走を用意してくださったのだ。会ってその時のお礼を言おうと楽しみにして来たが、この日も宿坊は休館だった。

納経所にいるのも若いお坊さんだけだ。あの時、お孫さんと思われる小学生が境内で棒切れを振り回していた。その子が私を宿坊まで案内してくれたのだが、目の前の若いお坊さんがそれかも、と思うと不思議な気がした。奥様のことを尋ねようかと思ったがやめた。

心を残しながらお寺を出ようとした時、ヘルメットをかぶった自転車遍路らしき男性がゆらゆら揺れているのが目に入った。明らかに体調に異変がある。「大丈夫ですか」

と声をかけると、
「ちょっと具合が悪くて……。タクシーを呼んでいるので、よかったら下まで一緒にお乗りください」
と弱々しい声で逆に労られた。ベンチでは他のお遍路が足のテーピングを直していて、町に出たら病院に行くと言う。薬王寺からの長すぎる国道歩きがここにきて歩き遍路を痛めつけているのだ。私もできかけたマメをだましだましながら歩いている。「お互いにがんばりましょう」とありきたりの言葉をかける他なかった。

徳島県の遍路案内の細やかさに比べ、高知県に入って遍路標識や案内が極端に減った。金剛頂寺からの下りも遍路札がほとんどなく、いつの間にか遠回りの不動岩ルートに導かれた。滑りやすいごろごろ石の急斜面を、ストックを頼りに下り、国道五十五号に出たが、ダブルストックがなかったら危険で後戻りしたかもしれなかった。

道の駅キラメッセ室戸に寄り、混雑に並んでお弁当を買う。国道沿いの食堂やドライブインが軒並み廃業していたことを思うと、この繁盛の一極集中を喜ぶべきか悩ましいところだった。

歴史的な町並で知られる吉良川町《きらがわちょう》を気分よく歩く。庭仕事をしていた男性に呼び止められ、名前を知らない三種類の柑橘をお接待いただく。球が大きいのでとうてい一人で食べきれない。望むところは一個だが「持ってけ、持ってけ」と。一挙にずしりと来た。重さを減らすために次の休憩所で、大きな一個を一生懸命頑張って食べた。

中山峠《なかやまとうげ》の手前で道を尋ねた男性に「峠道は荒れているから国道を行くほうがいいよ」と忠告されたのに山に入った。男性の言った通りだった。夏草が茂って道を覆い隠しているところもあった。性懲りもなく山道にこだわる私は、前世は山の獣でもあったのだろうか。

二十八キロ歩いたところで奈半利《なはり》郊外のホテルに着く。素朴な見かけによらずゆったりしたきれいな部屋。窓からは田園風景が望め、レストランも地元の人々に重宝されているらしく活気があった。明るい檜《ひのき》の浴場と庭園露天風呂もうれしい誤算だった。心ゆくまでのびのびできた。

チェックアウトして外に出ると、私の直前に外に出た初老の男性遍路が人懐っこい笑顔で待っていた。

「昨日お見掛けしましたね」

確かに昨日国道を反対から来たお遍路さんを見かけ、奇妙に思いながら後に続いてホテルに入ったことを思い出した。その人らしい。挨拶を交わして歩きながら話をする。六回目の遍路で今回は逆打ちだと言う。

「なぜそんなに何回も」と聞くと、

「出会いが楽しくて。ほら、今もこうしてお話ができています。うれしいです」

何のてらいもなく言った。確かに逆打ちだと順打ちのお遍路さんに毎日のように出会えて飽きないだろうと思う。私自身、遍路の神髄は歩く道中にあると確信を持ち始めていた。札所も大切だが、それ以上に札所と札所の間で出会う人、自然、出来事の中にこそ深い気づきがあり、喜びがあった。

スタート以来、家に帰りたいと思ったことは一度もない。ボロボロになって宿に着いても、翌朝には今日は何が起こるだろうかとわくわくしながら歩き出す。

歩き遍路の魅力に取りつかれ、何度も四国遍路を繰り返すことを「お四国病」というらしいが、その不治の病にかかった人がここにいる。私も発症しかけているのかもしれない。

国道に出て、「ご無事で」「お気を付けて」と左右に別れたが、昔どこかで会ったような懐かしい印象の人だった。十分足らずの一期一会。これも何かの計らいであろう。

前回の食あたり

「二十七番。あ、へび」

Rさんから相変わらず言葉足らずのLINEがくる。彼女は前方を歩いていて、二十七番神峯寺《こうのみねじ》あたりにいると読み解いた。薬王寺で区切らず高知県に入っているのだ。うれしくなって「こちら奈半利。マムシに気をつけて」と返信した。Rさんと不思議な連帯感が生まれつつあった。後を追うように二十七番を目指す。

安田町で文化財の民家が目につき立ち止まると、通りがかりの男性が「ぜひ見て行ってください」と自ら案内し、係りの女性につないでくれた。開業医の住居だったというが、寺社仏閣並みの贅《ぜい》がつくされていて、かつての土佐街道の繁栄と文化が偲ばれた。とても豊かなものを見せてもらい、疲れた体がリフレッシュされた。

行く手に二十七番神峯寺の登山口が見えてきた。「土佐の遍路転がし」とも「真《ま》っ縦《たて》」ともいわれる、標高四三〇メートルの急勾配をほぼ一直線に登ることになる。「マムシ注意」の看板を横目に、何度も休憩しながらやっと仁王門に着いた。

さらに一六〇段の石段を上ったところで、玉ヶ坮《たまがたお》から十三番への道で出会った若いカップルがベンチにいるのを見つけた。旧知に会ったように喜び合う。特に女性の気を許した笑顔がうれしかった。

一方、重い荷物のせいで青年が腰を痛めていた。テント泊に最低限の装備が必要なため減量が難しいらしい。若いからできる旅の形ではあるが、体を壊しては元も子もない。時には宿に泊まるようだが、もっと何とかならないものかと気をもむだけで、何もしてあげられないのがもどかしかった。

彼らと別れて一人になると、神峰寺には人の気配がなく静謐《せいひつ》な霊気が満ち満ちて、四国有数の霊場であることを改めて知らされた。大師堂前の牡丹桜が一本ひっそりと季節最後の彩を見せていた。

山を下りて道端の石に腰かけておやつを食べていると、外国人の男性お遍路が「こんにちは」と上手な日本語で声をかけ、風のように通り過ぎた。

夕方四時半に安芸《あき》市のビジネスホテルに到着する。

前回このホテルに泊まったとき、ホテルのせいではないが大変な目に遭った。久々に部屋で一人宴会をしようと、缶ビール三本とたっぷりの惣菜をスーパーで買い込んだが、最初の揚げ物で当たってしまった。ひどい嘔吐が続いて一晩中便器を抱く羽目になった。きっと疲労が溜っていてノロウィルスか何かにやられたのだろう。

翌朝、手つかずのビールと総菜の処理を頼んで、這うようにしてホテルを出た。休憩所ごとに横になって仮眠を取りながら夢遊病者のように歩いた。数日は体が使い物にならなかった。

今回は用心してホテルのレストランを利用した。明るく気持ちのいいレストランでおいしく食事をしたら、あの時のトラウマがすっかり解消された。

はちきん

四月十九日、十四日目。この日は札所がないので国道五十五号線沿いに、香南《こうなん》市の温泉ホテルまでの二十五キロメートルを歩く。そろそろ長袖が暑くなりかけたので、郊外のスーパーに立ち寄って半袖Tシャツを買った。四国はコンビニが少ない分、郊外に大型スーパーが充実していて非常に助かる。さらに、なぜかしら大型ドラッグストアも多い。これもお遍路には頼もしい味方だ。

べた凪の海に沿った安芸自転車道を気分よく進んでいると、土嚢《どのう》が積まれた場所に突き当たる。通れないこともないとは思ったがしばらく躊躇していると、「この先ダメです。通れません」と男性のお遍路さんが戻ってきた。

彼は区切り打ちをしているという。しかも完全歩きにこだわらず、電車もバスも積極的に使うらしい。さらには区切り打ちを何度か繰り返しているらしく、時間ができたら遍路に出てきてしまうのだと軽やかに笑った。ここにも「お四国病患者」がいた。

その後も成り行きで話をしながら一緒に歩く。

琴ヶ浜《ことがはま》の松林の中で、手作りめいたカラフルなワンピースを着たシニア女性に会う。ニコニコしていて声をかけずにおれなかった。

「こんなすてきな道をお散歩できていいですね」

「そうよ、毎日歩くんよ。とってもしあわせ」

丸顔のきらきらした表情からしあわせがこぼれ落ちるようだった。

「お昼これからでしょう？　そこのかっぱ市《いち》で○○のお寿司買うといいわよ。○○でないとだめよ。売り切れるから早く行って！」

男性お遍路さんと二人して琴ヶ浜かっぱ市に急ぎ、わずかに残っていた鯛寿司をゲットする。お勧めにたがわず○○店のお寿司は絶品だった。食後ゆっくりしたくて男性とはそこで別れた。

前回はひどい食あたりとマメのせいで、お寿司どころか水しか飲めなかった。かたつむりのようにただ前へ前へ。今回は大した故障もなく「とってもしあわせ」である。

温泉ホテルに着き、まずは前回体調不良で楽しめなかったかけ流しの天然温泉にリベンジする。地元民の御用達らしく結構な賑わいである。女性達が洗い場に私物を置いて専有し、大浴場を全開放で闊歩していた。強烈なエネルギーに気圧されて、お湯から首だけ出して小さくなった。まったりするはずだったがアウェイ感はなはだしく、早々に引き上げた。

土佐弁で、前向きで気のいい男勝りの女性を「はちきん」というそうだが、その面目躍如といったところであった。

高知市内

朝からラッパを吹きたくなるような快晴。内陸部に向かい、二十八番大日寺《だいにちじ》（四番、十三番と同じ名前）から始めて二十九、三十番を打ち、高知市内に入る計画。

二十八番を済ませ、四つ角のコンビニに入って行動食のアンパンを買う。しかし店を出たら九十度方向違いに突進してしまった。私は建物から出るとよく方向を見失う。気を引き締めて広々とした高知平野を方向をしっかり定めて進む。水路を透き通った水が音を立てて流れ、二期作なのか田植えの終わったところもある。畑も広大だ。日ごろスーパーでお世話になっている高知野菜がこれかと妙に感心し、ニラの植え付けで大忙しのご家族に話しかけて邪魔をしてしまった。

平野の真っただ中に二十九番国分寺《こくぶんじ》（十五番と同じ名称）はある。広い境内の隅々まで箒目《ほうきめ》が行き届き、明るく清浄な空気が流れていた。牡丹も満開である。参拝客より牡丹目的の人が多そうに見えた。牡丹の圧倒的な華やかさに、珍しく写真を撮る気になった。

のどかな平野歩きに慣れた足が、三十番善楽寺《ぜんらくじ》に向かう逢坂峠《おうさかとうげ》の県道で止まってしまう。だらだら続く上り坂は車が多く、心身共に疲弊する。

この日最後の善楽寺を打ち終え、高知市郊外の文殊通《もんじゅどおり》から土佐電に乗って遍路道を離れ、ホテルのあるはりまや橋に向かった。

明日は雨予報。疲れも出てきたので連泊して高知の市内観光を楽しむことも考えたが、翌々日の行程に支障が出ることがわかってあきらめた。


朝早く、電車で文殊通に戻って歩き始める。民家の間のひとりがやっと通れる狭い道から山に入り、牧野植物園を抜けて五台山《ごだいさん》の三十一番竹林寺《ちくりんじ》に着いた。かえでの新緑が境内いっぱいに頭上を覆い、まるで水中に入ったような錯覚を覚える。季節は完全に移り替わっていた。

六キロメートル先の三十二番禅師峰寺《ぜんじぶじ》を目指す。麓に着く頃小雨が降り出した。禅師峰寺打ち戻りの男性お遍路さんが前方からやって来る。どこかで見かけた気がするが、人を寄せ付けない雰囲気があり、軽く挨拶をしてすれ違った。後で知ったが彼はYさんといった。

本降りになってきて民家のガレージの片隅を借りてポンチョを着る。汗をかきながら急な山道を登りきると、禅師峰寺の満開のつつじが迎えてくれた。眼下には雨に煙った土佐湾が広がり、これから向かう三十三番雪蹊《せっけいじ》寺方面が白く霞んでいる。

納経所の女性が手作り地図を渡して、三十三番への道を丁寧に教えてくれたが、それは国道であった。四国で道を尋ねるとたいがい国道を教えられる。そのほうがわかりやすく、近道なのだ。でもどうしても私は旧街道を歩きたい。せっかくの親切を脇に置いた。そのせいで麓に下りたばかりなのに同じ場所をぐるぐる回って抜け出せない。

とうとう町はずれで進退窮まり、たまたまあった建設会社らしい建物に飛び込んだ。静かに仕事をしていた社員さんたちは、闖入《ちんにゅう》したお遍路に目を丸くしたが、若い女性社員が出てきて親切に道を教えてくれた。

その旧街道は生活感のあるしっとりした佇まいで、ストレスのない気持ちのいい道であった。建設会社にご迷惑をかけたが苦労し甲斐があったというものだった。

種崎《たねざき》の渡船場に着くと、そこにいるはずのないYさんが待合所にいる。聞いてみると一便乗り遅れたとのこと。それ以上話は続かなかった。

種崎から渡船に乗り五分ほどで対岸の長浜《ながはま》に着く。そこからほど近い三十三番雪蹊寺を打ち終えたのは二時過ぎだった。雨はますます強くなる。予約していた門前の宿は玄関に鍵がかかっていた。荷物だけでも預かってほしくて電話をすると、時間が早すぎるから開けられないと素っ気ない。やりとりを聞いていたYさんも同じ宿のようで、あきらめたようにさっさと三十四番種間《たねま》寺《じ》にスタートしていった。

じっとしている間に汗に濡れた体が冷えてくる。往復十三キロメートル、さんざん迷ったが、歩いて温まったほうがましと、私も雨の中に飛び出した。

やっと種間寺に着くとタクシーが今にも出ようとしている。Yさんが車の窓から顔を出し、「待っているからお参りしてきてください」と言ってくれた。気難しい人だと思っていたのに意外だった。

宿に戻ると、混み合う玄関先で若女将がてきぱきと采配をふるっている。雨具を預かったり、部屋を案内したり、お風呂の順番を指示したり。どうやら冷たいというよりり、合理的なやり手の「はちきん」といった趣で、悪意のある人には見えない。

案内されたのは、満室時に使われる三階の大広間を襖で仕切った、だだっ広い部屋である。隣は偶然にもYさんだ。不眠症の私が眠れるはずがなく、いつもの倍の睡眠導入剤を飲んで寝た。

睡眠時無呼吸症候群

前日と打って変わって快晴だった。若女将がタクシーを手配してくれ、朝の忙しい時間帯なのに外に出て、Yさんと私を相手に雑談しながら、一緒にタクシーを待ってくれた。愛想はよくないが、話してみると自然体のさっぱりした人である。Yさんと相乗りで昨日打ち終えた種間寺に向かう。

「睡眠時無呼吸症候群って知っていますか」

タクシーを降りて歩き始めると、Yさんが穏やかに切り出した。

「一度検査をしたほうがいいかもしれませんね。僕もしましたが異常なしでした」

傷つけないよう配慮した言い方である。

やってしまったかと思った。昨夜は倍量の薬を飲み、早朝、異常な喉の渇きで目が覚めた。

そのような病気でないことはわかっているが、時には似たようなことが起きてもおかしくない。よりにもよって気を遣うYさんに迷惑をかけたことだけは明白だった。恥ずかしさと申し訳なさでいっぱいになる。謝ると、

「すぐに寝たので大丈夫です」

と答えたものの、時々出る欠伸《あくび》が睡眠不足を物語っている。いたたまれなく、先に行ってほしいと願ったが彼はそうしなかった。三十五番清瀧寺《きよたきじ》に向けて自然に歩調を合わせた。

田舎育ちのせいか、子供の頃から山や川、月や星など悠久なるものへの強い憧れと親和性があった。それはいつしかありのままの自分を希求する思いに繋がり、今回の遍路旅にも繋がっていた。

心の内側だけではなく、化粧にも違和感があってメイクが苦痛だった。素のままが気持ちがいい。そのため旅に持参したのも化粧水と日焼け止めクリームだけ。今では露出した顔と手が日焼けで真っ黒になっている。コロナによる外出自粛をきっかけに毛染めもやめた。その白髪頭も洗いっぱなしのボサボサだ。内外共にむき出しのまま

だった。

そんなところに無防備な寝姿を晒したのも同然ならば、もはや隠すものは何もない。それ以降は寡黙なYさん相手に、構えることなく自由に接することができた。

お喋りをしながら歩いていたら、山の中腹に見えていた清瀧寺がどんどん遠ざかる。急登の近道である本来の遍路道を通り過ぎたのだ。曲がりくねった車道を延々遠回りして登る羽目になった。大嫌いなアスファルト道の登りに顎が出る。一方、Yさんの足取りは軽く、脚力の差が歴然としていた。とうてい一緒に歩くことは無理。しかし先に進んでもらったYさんは清瀧寺で待っていてくれた。

ワクチン

清瀧寺を打ち終え土佐市街のベーカリーでYさんと一緒に昼食を取った。そこから宇佐に抜けるにはトンネル越えの国道が断然近道だが、Yさんは私の好きな塚地峠《つかじとうげ》コースに付き合ってくれた。

峠を越えて平地に下り立った頃、何がきっかけだったかコロナの話になった。センシティブな話題だが長時間共に歩いていれば自然な流れでもあった。

二年前にコロナウィルスが発生してから世界中が騒然となり、まるで死病が身近に迫っているかのような騒ぎになっている。

テレビは毎日毎日、朝から晩までコロナ一色だ。そして接種を強く推奨する政府に呼応するように、無料のワクチン接種会場に並ぶ長蛇の列を映し出す。不安と恐怖に駆られた友人が、

「接種予約の電話がつながらない」

とあわてて知らせてきた。

ワクチン開発には十年以上かかるといわれるのに、あっという間にワクチン接種が始まり、まるでワクチンとコロナウィルスがセットで用意されていたかのようで、私は強烈な違和感を覚えた。

しかもこれまでのワクチンと全く違って、遺伝子情報を使った世界初のワクチンだという。治験は終わってないが、製薬会社に免責を与えて緊急に、特例承認という形で認められた。ということは、私たちは結果的に治験者ということになる。

まず高齢者や基礎疾患のある弱者を優先し、そして彼らを守るため若者も続けと言う。「思いやりワクチン」なるワードも流行り出した。ワクチンのリスクとベネフィットが十分に議論されないまま、非科学的な感情に訴えるやり方で接種が進んでいく。

なんだか気持ちがざわざわする。

私は何が起こっているのか、詳しいデータや情報が知りたいと思った。

厚労省のホームページの奥深くにデータがあった。感染者も死者も世間の騒ぎと裏腹に全く多くない。むしろコロナ前のインフルエンザ患者のほうが桁違いに多く、その分重症者も関連死も多いと思われた。データ上パンデミックは全く起きていないのだ。

ＳＮＳでは日本を含め世界中の多くの学者、専門家たちがコロナワクチンの危険性に警鐘を鳴らし、当の製薬会社の責任ある人物の内部告発さえ出てきた。ワクチン受け入れを拒否するアフリカの数カ国の大統領が不審死を遂げるという怪しい出来事もあった。ワクチン接種で先行したイスラエルでは予防効果が見られず方向転換した……。

次々に出てくる世界のニュースを大手メディアが一切報じない。私は慎重、推進どちらの主張も聞きたいのに、多くの慎重論はフェイクニュース、陰謀論と揶揄《やゆ》されて次々に封殺された。

右も左もなく、世界が怒涛を打って一方向に流れていく。為政者の意図は何なのだろう。Ｙさんも相槌を打った。

接種直後に急死する人や重篤なワクチンの後遺症患者も出始めた。何かとんでもないことが起こっていると思った。接種に慎重になってもらいたくて、私は大切に思う人たちにこれらの情報を伝えたが、政府とマスメディアへの信頼は絶対であり、思いが届くことはなかった。「陰謀論者」「変なひと」と受け取られただけである。

今では削除を恐れ、ネットでは隠語を使った自己規制が当たり前になっている。私はウィルスよりも、自由にものが言えない風潮に恐怖を覚える。いつか来た道である。世界が短期間のうちに暗転し、ＳＦの世界に投げ込まれたような気がした。

大薬害もあり得る気がして、

「あとあと政府はどう総括するのでしょうね」とつぶやくと、

「しないでしょう」

Ｙさんはあっさりと答えた。そうだろうな、と変に納得しつつ、他人に迂闊に話せないことを口に出せて心が少し軽くなった。

私は私の道を行くしかない。

海にかかる長い宇佐大橋《うさおおはし》を進む。晴れ渡った空と青く澄んだ静かな海、そして島影……。穏やかで平和な風景である。

この美しい自然と、何より（時には命より）大切な自由を、どんなことがあっても次世代につなぎたいと強く思った。

横浪《よこなみ》半島突端の三十六番青龍寺《しょうりゅうじ》を打ち、そこでYさんと別れ、二キロメートル打ち戻って井ノ尻《いのしり》の民宿に泊まった。

休養日

翌朝一番に海の遍路道を行くべく、須崎《すさき》市営巡行船に乗って出航を待っているとYさんが乗り込んできた。空海もこの内海を舟で移動したと言われており正式な海上の遍路道と認められている。

船内は十人ほどのお遍路さんで満席、私以外は全員男性である。一時間弱の海の遍路道を楽しんで横浪で下船した。成り行きでまたこの日もYさんと一緒に歩き出す。

仏坂《ほとけざか》を越え、須崎市内を抜けて焼坂《やけざか》トンネルに入る頃に雨となり、急ぎ雨具を着ける。トンネルは一キロメートルもあるのに歩道がなく、大変危険だ。

Yさんが金剛杖の先端に、用意していた点滅ランプをテープで巻きつけた。それを掲げてトンネルに突入し、車の轟音の中を先導してくれた。とてもいいアイディアだと感心する。と同時に、めったに冗談すら言わないYさんが急にお茶目に見えておかしくなった。

雨が降り続き、土佐久礼《とさくれ》に着いた時、汗と湿気でポンチョの中がずぶ濡れになっていた。寒くて仕方がない。温かい飲み物が欲しくて駅前の喫茶店に入ろうとすると、ドアに「他県の者入店お断り」の張り紙がある。コロナの過剰反応がここにもあった。駅裏のコンビニも閉店していた。

駅のトイレで着替えてありったけの衣服を着こんだが、震えが止まらなかった。土佐久礼に宿が取れず、駅でYさんと別れて窪川《くぼかわ》まで電車移動し、三十七番岩本寺《いわもとじ》宿坊に着く。Yさんとは奇妙なご縁で二日間共に歩いたが、足の遅い私につきあって予定を狂わせたに違いなかった。脚力の大差を考えるともう会うことはないだろう。短いご縁であったがどうか彼の旅が順調なものになりますように。

翌日も雨。土佐久礼駅に戻り、前回歩いた大坂遍路道を辿るつもりでいたが、二日続きの雨のため七子《なな こ》峠《とうげ》手前が通行不能とわかり、あきらめて十九日目にして初めて休養日を取った。

連泊を決めた宿坊の売店を覗くと、歩き遍路のバイブルともいわれる「へんろみち保存協力会編」の最新版遍路地図があったので買い換えた。国道の付け替えなどが進み持参した十二年前の地図から大幅に改定されていた。

午後に雨が上がると歩きたくてうずうずする。仕方なく窪川の町を散策ついでにスーパーに入り、おやつを買ったり地元の野菜や魚を眺めたりして時間をつぶすが、一時間ほどで町歩きは終わった。

二度と休養日は取るまいと心に誓いつつ門前まで戻ると、果物屋さんに「生ジュース五〇〇円」の張り紙がある。注文すると、店主は黙って、レトロな搾り機に清見オレンジのような中玉の柑橘を三、四個ポンポンポンと放り込んだ。

たっぷりの作り立て生ジュースを店先に立ったまま飲んだ。こんなおいしい生ジュースは初めての気がした。

個人のお接待所

岩本寺から足摺岬《あしずりみさき》の三十八番金剛福寺《こんごうふくじ》まで札所のない九十キロメートルを三泊四日で歩く予定だ。

市野瀬《いちのせ》に最短で下る遍路道をまたもや見逃し、山奥のヘアピン国道をげんなりしながら大回りした。途中山道に入ったがすぐに再び国道に出た。そこで右か左か方向を見失った。身動きが取れず、時々走って来る車に手を上げて、道を尋ねようとするが、遍路のヒッチハイクと勘違いされるのか、完全に無視される。泣きたい気持ちで右往左往しているとシニア女性の車が止まった。

「このままこっちに二キロ下って行くと村に着きますよ。休憩所もあるから、そこでゆっくりしてください」

地元の女性のやさしい言葉に涙が出そうになった。私はどうしてこんなに同じ間違いを繰り返すのだろう。注意力が足りないうえに、頭の中の方位磁石が完全に狂って

いる。毎度毎度の失敗にざらつく気持ちを持て余した。ようやく着いた市野瀬集落を足取り重く歩いていると、

「ちょっと休んだら？」

民家の窓が開いて声がかかった。敷地内に質素な休憩所が設けられている。

「好きなもの選んでいいよ」

クーラーの中にたくさんの飲み物が入っていた。個人のお接待所だった。さっき女性が教えてくれた休憩所とはここのことだったのだろうか。

「お菓子もあるからね」

主人の温かいもてなしに固くなっていた気持ちが緩んだ。名前を聞いたが教えてもらえず、しばらく休憩したあと、納札を渡して写真を撮らせてもらった。四国にはこのようなお接待文化が残っていて、私は何度施しを受けたかしれない。この日は特に心も体も弱っていたのでやさしさが身に染みた。

くたくたになって伊田《いだ》の海沿いにあるタイ料理店併設の宿に入った。朝から三十二キロメートル歩いていた。曇天だから助かったが、カンカン照りや雨だったらどうな

っていただろう。

宿泊客は私一人。明るい浴室の窓を開け放ち、たっぷりのお湯に身を沈めていると、近くを走る土佐くろしお鉄道の電車の音が聞こえてきた。のんびりと心地よい響きだ。這うようにして辿り着いたことが嘘のように疲れが溶けていった。

タイ料理をおいしくいただいていると、

「足摺がかすんでいるから明日は雨ですね」

と主人が言った。


四月二十六日、主人の予想通り朝から雨。ポンチョを着て宿を出た。今日の目的地であるペンションはメインルートから外れた辺鄙《へんぴ》な海沿いにあり、夕食が付いていない。近くに店もないという。道中の小さな店をはしごして質素な夕食を準備したが、そのたびに濡れたポンチョの着脱とザックの開閉に難渋した。

山間で標識のないT字路にぶつかる。「修行の道場」と言われるだけに高知県には毎度泣かされる。雨の中で地図もスマホも開けず、勘を頼りに右の坂を上り詰めるとさっき来た町が見渡せた。引き返して反対を行くと、四阿《あずまや》にYさんがいた。

三日前に別れた健脚が今頃なぜこんなところにいるのだろう。しかも四万十《しまんと》へはいくつかルートかあるのに同じルートを選ぶとは偶然が過ぎる。狐につままれた気がした。

この先すぐに、再び道は枝分かれする。ＬＩＮＥを交換して入れ替わるようにして別れた。

ペンション

平野《ひらの》のペンションに着く頃雨が上がった。宿のテラスで一杯やっているサーファーの男性に挨拶すると、「ご一緒にどうですか」と誘われるが、その前にやるべきことがたくさんあった。

濡れた遍路傘とポンチョを干し、水浸しの靴に繰り返し新聞紙を押し込んで、翌朝までに乾かさねばならない。入浴が済むと洗濯機、乾燥機の順番待ち。番が来ると時間ロスなく済ませて次の人にバトンタッチする。

飲むとすればそれからようやく一杯だ。そして食事が終われば明日の行程を計画して宿の予約をする。家族に〝安否確認〟ＬＩＮＥを送る。日記をつける。マメの手当をする。荷物の整理をする。お遍路の夜は忙しいのだった。

入浴、洗濯、乾燥が終わり、缶ビールと惣菜を持ってテラスに行くと、先の男性の姿はなく、一人ゆっくりと海辺の暮色を楽しんだ。

さっそくYさんからLINEが来る。あれからかなり歩いたので明日には足摺の三十八番に着くという。恐るべき早足である。行程が一日早まったのだ。申し訳なさそうな文面に「マイペースが一番。それぞれに頑張りましょう」と返信した。

夜更けて嵐となり、頭上に落ちるかと震えるほどの雷鳴が轟いた。蒸し暑いような寒いような。エアコンが動かず寝苦しいまま四時半にベッドから抜け出す。後でわかったがエアコンはコイン式だったらしい。

朝食を取らず六時に宿を出た。メインルートに合流し四万十大橋を渡る。老夫婦が営む小さなうどん屋は開店前だったが、気持ちよく招き入れてくださり、うどんの後に本格的なコーヒーのお接待もいただく。揺らぎのある古ガラスの向こうに、雨上がりの新緑の山々が広がっていた。コーヒーを飲みながらしばらくうっとりと眺めた。

一六二〇メートルの伊豆田《いずた》トンネルを抜けたらまた雨。狭い電話ボックスの中でポンチョを着るのに汗だくになって悪戦苦闘した。意気が上がらないまま歩いていると、水産会社の社員さん二人に、休んでいくよう呼び止められる。ずぶ濡れなので断ったが、「気の済むまでゆっくりしていってください」と社屋の休憩室に招かれ、缶コーヒーと御菓子が出された。ストーブも点けてくださった。

「僕らは仕事に戻るけど好きなだけいて自由に出て行ってくださいね」

もったいない言葉に真向いの山のつつじが滲んで見えた。ストーブを消し、お礼を書いた納札を机上に置いてそこを出た。

大岐《おおき》の浜の宿に思いがけなく早く着き、雨も上がったのでザックを預けて先に進む。大岐海岸は自然の砂浜が遍路道になっていた。砂に足を取られながら歩く。裸足で歩いたらさぞ気持ちいいだろうと思う。

太平洋に向かって大きく伸びをした。この海の向こうはアメリカだ。近くて遠いアメリカ……。良くも悪くも世界はつながっている。以布利《いぶり》の窪津《くぼつ》分岐まで進んでそこからバスで宿に戻った。

鯨道

四月二十八日、二十三日目。いよいよ今日は足摺岬の三十八番金剛福寺だ。昨日歩いた窪津分岐まで宿の車で運んでもらって歩き継ぐ。迷わず行けば二十キロメートル足らず。ところどころ脇道に入るが、基本、海岸線の県道に沿って行けば迷うことはない。距離的にもコース的にも楽な行程であった。足摺岬からは打ち戻って連泊するので荷物は宿に置いた。

以布利遍路道から県道に合流すると、目の前に、手招きするように遍路札が賑やかにぶら下がる登山口があった。無視できないほどの賑やかさであり、ショートカットの遍路道だと疑うことなく進入した。

雨上がりのその山道はぬかるんでいて人の踏み跡がなく、私の前に先行した人がいないのか、ときどき蜘蛛の巣が顔にかかった。猪のぬた場もある。行くほどに雑草や倒木、覆いかぶさる竹などが行く手を阻んだ。岩場が現れ両手を使ってよじ登った。

数百メートルの辛抱だと進んで来たのに、すでに一キロメートルは過ぎたかもしれない。今さら危険すぎて引き返すこともできなかった。

断崖絶壁の傾いた道が現れた。足を滑らせたら、猪と遭遇したら、一巻の終わりである。木々の隙間から海面が見える。ここで滑落したら誰にも見つけてもらえないだろう、と不穏な想念が頭をよぎる。これまでこのように荒れた危険な遍路道を経験したことがなかった。目を半分つぶるようにして震えながら通過した。

一時間以上かけてようやく明るく開けた場所に出た。「海蔵院《かいぞういん》」とあるが自分がどこにいるのかわからない。地図を開いて初めて記載のない道を二・五キロメートルも歩いたことを知った。

県道に戻り、庭先で魚を焼いていたおじさんと話をして、その道は昔、沖のクジラを見張っていた鯨道《くじらみち》だと教えられる。開拓中の古道であり、初心者が不用意に入る道ではないとも。

無事でよかったとしみじみ思った。ほっと一息つくと、おじさんの足元のトロ箱に、雑多な魚が大量に入っており、中でも網の上で焼かれている黒く大きな魚が気になった。

「大した魚じゃないよ。食ってみるかい」

おじさんは身をほぐして私の掌に載せた。不味くもないが美味しくもなかった。

「だろ？　こんなもんわざわざ食うやついないよ。おかず味噌を作ってバザーに出すんだよ。結構売れるよ」

そのおかず味噌を食べてみたいと思った。

「それ買えますか」

「今から作るんだよ」

おじさんはかっかと笑った。

四日目にしてやっと辿り着いた足摺岬に観光客の姿はなかった。三十八番金剛福寺も閑散としている。境内はこじんまりした伽藍が数多く配置され、箱庭のようだ。太平洋の眩い光がそれらを静かにやさしく包み込んでいた。鯉がゆうゆうと泳ぐ広い池の端に腰かけ、靴と靴下を脱いでしばらくぼんやりと時間を過ごした。眠気を催しそうだった。

帰りは同じ道の打ち戻りになるので、バスを使うことにして時間調整のために停留所前のおみやげ屋兼食堂に入る。本来団体客相手の店なのに客が一人もいなくてがらんとしている。コーヒーを注文したら主人が丁寧に淹れてくれた。コーヒーを飲みながら主人と雑談した。その中で鯨道の話になり、

「やっぱりあの道に入ったんだね。誘導されてうっかり入る人がいるんだよ。整備できてないから危ないんだよなあ。何とかするよう再三言っているんだがね」

主人は少し怒ったように言った。お遍路のことを心から心配していることがわかった。

宿に戻って夕食の時、ベテランのお遍路さんが鯨道の話をしているのが聞こえてきた。これほど話題に上るとは知る人ぞ知る上級者向けの道だったのだ。知らなかったのは私だけであった。

三原村

台風並みの激しい雨の中、大岐の浜の宿を出ると、国道三二一号線は川のようになっていて靴がすぐに水浸しになる。ポンチョも役に立たない。ままよと幼子のようにじゃぶじゃぶと流れに浸かった。

大荒れの海を横目に見ながら下ノ加江《しものかえ》まで打ち戻り、川沿いに県道二十一号を内陸部に入っていく。路面に苔や雑草が生え、廃道かと見まがうほどの荒れようだ。山側には大雨による見事なにわか滝が何本も見られる。反対側の下ノ加江川は白く濁っていたが、本来は美しい透明な流れに違いない。

昨日ここを先行したＹさんが、トイレも店もないから直前のコンビニで準備が必要、とＬＩＮＥをくれたが、確かに五時間近い歩行中見かけたのは、数多くの落石と、巨大な紫色の山ミミズが多数、車数台、廃屋数軒のみだった。しかし悪くはなかった。緑のトンネルの滴りの中、道をひとり占めして歩くのは夢のように幻想的で贅沢な時間だった。

三原村の農家民宿に着く頃、雨が上がると同時に突風が吹き荒れた。早めに着きそうだと連絡すると、ご夫婦が浴槽にたっぷりのお湯を張って待っていてくださった。

窓外に長閑《のどか》な山里が広がる。目の前の広々とした空地にペットのやぎが一頭つながれていた。小屋もあり、その傍らには人間の赤ちゃんからのお下がりと思しき、やぎさん専用の立派な鯉のぼりが立っていた。絵本のように平和な光景である。

夕食に珍しいきびなごのお刺身が出る。旬なのだが今年は不漁で手に入りにくいらしく、主人が遠くまで仕入れに行ってくれたようだった。ほかに野草の天ぷらや煮物など心づくしの手料理がたくさん並んだ。三原村名物のどぶろくも添えられた。木の匂いのする真新しい離れの部屋で久しぶりに熟睡した。


澄み切った空と新緑の山々、雨上がりの三原村の朝は息を呑む爽やかさだ。

三十九番延光寺《えんこうじ》に向かっている時、単車に乗った作業服の青年とすれ違った。と思ったら戻ってきて、

「頑張ってください」

わざわざ自販機でお茶を買ってきてくれたのだ。

次に乗用車が止まって、きれいな中年女性からカフェラテと抹茶ラテをいただく。いずれも慌ただしい出勤時の心優しいお接待だった。突然増えた一・五リットルの背中の重みが、慈愛の大きさにも修行にも思えた。三原村は人も自然も穏やかで、全てがゆったりとした時間の中にたゆたっていた。


高知県最後の延光寺を打ち終えて、宿毛《すくも》に向かう道中のあちこちに鯉のぼりが目につくようになった。中でも新宿毛大橋脇の山から松田川を跨いで張られたロープに泳ぐ、大量の鯉のぼり群には度肝を抜かされた。日本一の仕掛けかもしれないと感歎しつつホテルに入った。

ゴールデンウィークに入って、宿が取りにくくなった。もっと早めに連休中の宿を確保すべきだったと後悔したが後の祭りである。四時前にホテルに着いたのに、明日以降の宿を決めるのに九時までかかった。

妹の一人から「えっちゃん大丈夫？　何かあったの？　無事宿についた？」と心配するかのような催促のＬＩＮＥが届く。今や子供や妹たちは私の毎日のＬＩＮＥを、安否確認を越えて楽しみにしている節があった。特に足の弱い妹は地図を傍らに置いて「自分が遍路している気分よ」と私の日々の道程を辿り、翌日の行程を予測して、峠の標高を調べたり宿を予想したりして熱中しているのだった。

Ⅲ　愛媛県（菩提の道場）

遍路宿

一夜明けて五月に入った。そして切りよく「菩提の道場」愛媛県に入る。

ホテルを出て喫茶店でモーニングを注文する。地元の男性シニアたちが席を埋め、新聞を読んだりスマホを扱ったりしていた。なかなかの繁盛ぶりだ。

サラダとバナナ、目玉焼き、トースト、コーヒー、そして四国お決まりの味噌汁がついて五〇〇円である。まるでボランティアだと感心しつつ代金を払うと、レシートと五〇〇円玉が返ってきた。意味が理解できず困惑していると

「歩きのお遍路さん皆さんにお接待させてもらっています」

オーナーと思われる年配の女性は当然のように言ったが、頂くには過分なお接待である。だがお接待は弘法大師へのお供えの意味もあるので、無下《むげ》に断ってはいけない

といわれている。複雑な思いを抱きつつありがたく頂戴することにした。この大切なお金をどう生かしたらいいか考えながら松尾峠《まつおとうげ》に向かった。

峠道はかつての土佐と伊予を結ぶ街道で、宿毛から標高三〇〇メートルの峠を越えて、愛媛県愛南町《あいなんちょう》一本松《いっぽんまつ》まで約十キロメートルの道のりになる。山道の真ん中に筍《たけのこ》が何本も生えていた。峠で愛媛県に入った途端、道が一変した。明るく整備されていて歩きやすい。

二〇〇六年から四国は遍路道の世界遺産登録を目指しているが、なかなか四県の利害が一致せず足並が揃わないと聞いている。道の整備もそのことと関係あるのかどうか。県政がくっきりと表れているようで実に興味深かった。

一本松のコンビニで二人の青年に会う。大学生とフリーターだといい、区切り打ちでたまたま出会って一緒に歩いているらしい。地べたに座った二人はひどいマメに苦しんで立ち上がることさえつらそうだった。

「峠を越えてきたンすか」。そうだと答えると、

「なんでわざわざしんどいことするンすか」

私は逆に遍路に来てまでわざわざ国道を歩く気が知れない。

「山道は静かで癒されるわよ。足にもやさしいし。松尾峠は大変だったけどとてもよかった」

「僕らは国道でいいです」

確かに四十番へ国道を選べばここからさらに二キロメートル短くなる。旧街道を行く私はそこで彼らと別れた。

気分よく街道を進み、途中で旧遍路道に入る。普段は見ないグーグルマップをたまま見たら四十番まであと一時間半くらいだった。鼻歌交じりに進む。だが遍路標識がいつの間にか見当たらなくなり、所要時間が四時間強に増えていた。しかも逆方向の高知県に向かっている。また道を間違えたのだ。呆然と立っていると軽トラが通りかかって間違ったところまで送ってもらえた。

「この時期、人も車もめったに通らないのに運がよかったですよ」

軽トラのおじさんはあきれたように言った。

四十番観自在寺《かんじざいじ》に着くとコンビニで別れた青年たちが、足をかばいながら門を出てくるところである。

「えっ、今頃どうしたンすか。とっくに先に行ってると思った」

苦笑いするしかなかった。


数キロ先の旧御荘町《みしょうちょう》の遍路宿に向かった。本当は他の宿にしたかったが、連休に入ってどこも満室で贅沢は言えなかった。軒の低い民家の戸を開けると、一人住まいの七十七歳のおかみさんが、

「ちゃんと来てくれるか心配しましたよ」

と覚束ない足取りで玄関に出てきた。

まずはお風呂へと勧められたがシャワーのお湯が出ない。

「おかしいねえ。水だねえ」

おかみさんがよたよたと浴室と台所を何度も行き来する。私はタオルを胸から垂らして事態の好転を待った。ようやくお湯が出た。温水の元栓が開いていなかったそう

だ。

食事がないので持ち込みのお弁当を部屋で食べようとしたら、何としてもおかみさんの居室で食べてほしいと頼まれる。

おかみさんは雑然とした部屋の片隅から古いアルバムを出してきた。写真を見せながら孫や子や亡くなったご主人のことを生き生きと話し始める。宿も、孫や子にお小遣いをあげるために続けているという。彼らはとっくに大人である。私には全く関心のない話だった。

食事が済んでもおかみさんの昔話は続く。早く部屋に戻ってやるべきことを済ませたいが、退出するにはソファーに座ったおかみさんの前を、膝に座るようにして、カニ歩きで抜けなければならない。出るに出られずおかみさんの話を聞き続ける他なかった。

乾燥機が玄関土間に鎮座しているが使えないと言う。洗濯機はどこにあるのか、いずれも使わせてもらえない。洗って部屋に持ってきてくれたが部屋干しするにもエアコンのコンセントが抜いてあり、窓枠に上ってようやくつないだ。

猫が入ってきて布団の上を走り回る。トイレも洗面台も掃除が行き届いてなかった。もう一人の予約客はとうとう現れなかった。疲れ切り、早く朝になることを祈った。

出立の時おかみさんが不自由な足で表に出てきて、

「ありがとう、ありがとう、気をつけてね、気をつけてね」

うるんだ目を向け、私の手をなかなか離そうとしない。

「おかみさんもいつまでもお元気でね」

私は心からそう思い強く握り返した。いろいろあったが、泊まってよかったと思った。

納経所

四十一番龍光寺《りゅうこうじ》まで五十キロメートル。一日では到着しないのでこの日は柏坂《かしわざか》峠《とうげ》を越えて津島町《つしまちょう》のビジネスホテルまで二十六キロメートルを目標にした。海抜ほぼゼロメートルの柏から標高四六〇メートルの峠までアップダウンなしの上りだ。あそこが峠か今度こそ峠かと何度も期待を裏切られながらやっと峠に着く。

「つわな奥《おく》」から、遠くに由良《ゆら》半島と海が見えた。この絶景は山を越えてきた者だけに与えられるご褒美であった。絶景を独り占めにして長めの休憩を取った。下りの六キロメートルも、今度こそ里か、を繰り返すこと幾度、ようやく里に出た時の安堵感たるやなかった。思いのほか長い長い峠道であった。

津島の町に入り、ホテルに入る前にＪＡコープで夕飯となる海鮮巻きとビールとお総菜を買った。期待してなかったのに、海鮮巻きが大当たりの美味しさであった。ホテルも連休中とあってやっと確保した宿だったので、これも期待していなかったがとても快適で、昨夜の宿の気疲れを十分に挽回することができた。

翌朝ベッドから起きてスマホを取ると、高熱を帯びて充電ができていない。心なしか表面が少し膨らんでいる気がする。ここに至るまでもキャッシュカードやストックと窮地に追い込まれたが、またもやピンチだ。ただ運がいいことにこの日は宇和島市街を通る。

郊外のドコモショップの開店を待って飛び込んだ。いきなりマスクを要求されてあわてて装着する。充電は辛うじてできたが、デスクに座った人たちは開店早々営業に結びつかないよそ者がノーマスクで来店したのでいかにも迷惑そうであった。冷たい視線が刺さったが、立場を変えたらそれもそうであろう。スマホがとりあえず使えることがわかったのだからすべて良しとしよう。

気持ちを切り替えて、久しぶりの都会である宇和島を抜け、苦手な国道五十六、五十七号のだらだら坂を行く。飽き飽きした頃にたこ焼きの車屋台を見つけ、気分転換に買って食べながら歩く。二時間以上かけて四十一番龍光寺に着いた。

お参りをすませて納経所に入ると、ガラス窓とナイロンカーテンの二重防御の奥に、マスクをした作務衣姿の初老の男性が見えた。「マスク着用」と大きく書かれたボードをいきなり突き付けられた。無言である。他の寺ではなかったことなので戸惑った。黙ってマスクをつけたらおもむろに窓が開いた。黙って納経帳を差し出し納経料を払った。そこを出るまで互いに無言に終始した。嫌な気持ちが残った。

マスクの効用って本当にあるのだろうか。ウィルスはマスクを余裕ですり抜ける。バックネットにパチンコ玉を通すみたいなものである。そうはいっても二年もの間、毎日毎日コロナ、コロナと恐怖を煽られ続けたら、宗教人とて平静でいられまい。それに寺には寺の方針がある。

なぜ私は笑顔でありがとうと言えなかったのだろう。一瞬にして空気が和むのに、かたくなで大人げなかった自分が情けなくて落ち込んだ。

龍光寺近くの宿は休業していた。これもコロナのせいなのだろうか。ＪＲ務田《むでん》駅から宿のある宇和島に戻らねばならなかった。

ビジネスホテルがどこも満室で、やっと取れたシティホテルに入った。ゴールデンウィーク真っただ中とあってビジネスホテルの倍以上のシーズン料金である。

ヤケついでに宇和島名物の鯛料理とワインのルームサービスを頼んだ。それなのにクリーニングの依頼をケチって浴槽で足踏み洗濯をする。乾かすのに大変苦労した。

先達さん

宇和島駅で発車待ちの電車に乗っていると、Ｙさんが同じ車両に乗り込んできてびっくりさせられる。四万十の手前で別れてから一週間以上経つ。はるか先を行っているはずだった。聞くと昨日一日宇和島に留まって年に四回開催される闘牛を見学していたという。

彼は一駅で降りていった。今日は私が半日先行する。歩いて二時間以上かかった務田駅は電車に乗ればあっという間であった。前日中にお参りを済ませていた四十一番龍光寺を通り過ぎ、三キロメートルほど歩いて四十二番仏木寺《ぶつもくじ》を打った。

次に向かう予定の歯長峠《はながとうげ》道は二〇一八年の豪雨で崩落していた。通れるかどうか心配したが、通行可能とわかって峠道に足を踏み入れる。崩落現場は手つかずのまま急ごしらえの迂回路が設けられていた。相変わらず山道で人に会うことはなかった。山を下りると後方にいるはずのＹさんが休憩所にいる。追い越された覚えがないから、トンネルのルートを取ったのだろう。それにしても速すぎる。人と待ち合わせをしているというのですぐに別れた。

宇和町内で完全に方向を見失う。国道を素直に歩けば簡単なのに古い道を選んで迷路にはまるのだ。何度も人に尋ねた。最後に訊いた高校生カップルは「札所？　明石《めいせき》寺《じ》？　知ってる？」と互いに顔を見合わせてからスマホで調べてくれた。地元民でも札所を知らないことがあるのだ。

ようやくの思いで四十三番明石寺に着いた。そこでまたＹさんに会った。私が迷っている間に彼は友人と食事まで済ませていた。頭が混乱する。Ｙさんがワープしたのか私が別次元をさまよっていたのか。私の時間と空間はどうなっているのだろう。

その日泊まる旅館はＪＲうのまち駅近くにあった。予約の時おかみさんから「明石寺を出る時、必ずお電話くださいね」と言われていた。電話をすると道順を細かく教えてくれ、その指示通りに山道を下りて行くと石畳に導かれた。

道の両側に、白壁や格子窓のある情緒的な和風建築が連なっていた。脇差を差した侍が似合いそうな江戸時代の雰囲気が漂う。昔ながらの酒屋や醤油屋、旅館がある中に、突然明治時代の洋風建築が現れたりした。心を揺さぶられる豊かで美しい街並みだった。

宿に着いて驚きをおかみさんに伝えると、

「そうでしょう？　どうしてもあそこを見てほしかったの」

そのために明石寺からあの道に私を誘導してくれたのだった。この宇和町卯之町《うのまち》は宇和島藩の在郷町、宿場町として栄え、今では国の重要伝統的建造物群保存地区に選定されていることを教えてくれた。

面倒見のいいおかみさんに、夕食時に四国遍路の先達という人を紹介される。でっぷり太った大柄の初老の男性で、奥さんを連れて区切り打ちをしているという。私は三日後に久万《くま》高原に向かう予定だったので難所の鴇田《ひわだ》峠《とうげ》越えのアドバイスを求めると、

「国道をバスで行けばいいんですよ」とにべもない。

「遍路道にこだわる人がいるけど今時どうなんかなあ。私たちはいつも電車とバスです」

確かにいろんな交通手段のある現在、各人の事情と好みに合わせた柔軟な遍路があっていいとは思う。私のように昔の人と同じ歩きにこだわる人間は極々少数派だ。それでも先達からこのような言葉を聞くとは思いもよらなかった。先達さんもいろいろだと聞いてはいたが、遍路道を軽視する先達を目の前にして言葉に詰まった。あとは黙々と食事に専念した。

通し打ちの女性

五月五日、三十日目。次の久万高原四十四番大寶寺《たいほうじ》まで六十八キロメートル。二泊三日で移動する。

愛媛県は峠が多い。前日の歯長峠に続きこの日は鳥坂峠《とさかとうげ》だ。肱川《ひじかわ》から支流の宇和川沿いに遡り、休憩所「ひじ川源流の里」まで来たが鳥坂峠の登山口が見つからない。困っていると軽トラのおじさんが車に乗せてくれ、

「おかしいなあ、このあたりだがなあ」

里道を二周する。そして、

「あっ……」

二人同時に声を上げたところが登山口だった。入口が草に埋もれていたのだ。草道を抜けて振り向くと。

「気ィ付けてな」

おじさんが頷き、私が木々の間に隠れるまで見守ってくれていた。

峠道はどこも厳しい。息を切らして登っていくと、「ひと休みしませんか」、「おへんろさんガンバレ」などと、かわいらしいイラスト文字でデザインされた真新しい木製のベンチがあった。うれしくなって写真を撮った。下りはひたすらなだらかな気持ちのいい道だった。道の両脇にしいたけ用原木が大量に積まれた場所が続いた。

峠を下り切った休憩所で三人のお遍路さんに会う。お四国病と自称する区切り打ちの中年夫婦と、東京から来た七十二歳のKさんだ。彼女は初めて会う通し打ちの女性だった。

しばらく四人で談笑した後ご夫婦と別れて、Kさんと一緒に大洲《おおず》を目指す。Kさんは小柄だががっしりとした体躯で驚くほど足が速い。詮索好きらしくいろんなことを聞いてくる。

「あなたは議員さんとか弁護士さん?」。どこからそんな発想が、と吹き出しそうになる。

「まったくその対極の人間ですよ。おんな寅さんみたいなモンです」。だが納得いかない様子でその後何度も聞いてきた。

　彼女の早足について行けず、大洲に入ってお城見学を口実にして別れる。Kさんのお陰で宿に入るまでたっぷり時間ができ、肱川沿いにそびえる大洲城に上った。木造にこだわる地元民の寄付によって復元された天守閣は、予想以上に見応えがあった。

　T旅館は前回泊まった時のままだった。軒が低く一見昭和の古い遍路宿の風情だが、中に入ると屋内に取り込まれた池に鯉が泳ぎ、清々しい空気が流れていた。

　私は、宿は清潔でさえあれば建物や設備にこだわらない。でもここは清潔なだけでなく古いものを大切に慈しむ心が感じられた。きしむ廊下や立て付けの悪い戸でさえもゆかしい。ふかふかの清潔な布団にくるまって眠った。

　翌朝、玄関先に置かれた新聞資料を見て、鳥坂峠で目にしたあのかわいいベンチは、ここの息子さんが所属するボーイスカウトの子供たちが作ったものとわかる。ご主人も長年お遍路道保全活動に従事し、情報発信の中心になっていた。この日向かう宿も主人の情報によってやっと確保できたのだ。

カンパをして「坊やによろしくお伝えください」と言うと、「もう坊やじゃありませんよ。高校生です」と笑われた。十二年前の幼児のままの姿が頭にあった。主人も昔と同じ青年のままだったから。

十夜ヶ橋《とよがはし》をお参りして内子町《うちこちょう》を目指した。峠のコンビニで休んでいると、思いがけなくKさんが通りかかる。彼女は国道を直進の予定だったが遍路道を行く私に付き合うと言う。

「私は前の方にお遍路が見えると許せないの。必ず追い越すのよ」

と言うだけあって猪突猛進、途中の草花や景色には無関心だった。

内子町に入り、先を急ぐKさんと別れて内子座を見学する。大正時代に建設されたその芝居小屋は、六五〇人収容の豪華な木造建築だ。内子はかつて木蝋《もくろう》や生糸の生産で栄えた町だったが、そこで財を成した旦那衆はその富を内子座建設にも振り分けた。芸能芸術にふんだんにお金をかける文化的土壌があったのだ。

町を抜け小田川《おだがわ》沿いに山間に入ると、清流と山に囲まれた大瀬《おおせ》の集落に着く。どこか私の故郷に通じるところがあった。そしてそこは大江健三郎の出生地であった。彼の作品には馴染めなかったが、多感で早熟な大江少年のことを思った。

この閉ざされた谷間の村にも内子から、文化の匂いが絶えず流れて来たことだろう。それは少年の心を強く刺激したが、もっともっと広い未知の輝く世界があるはずだった。小さな空を見上げながら孤独と不足の思いが募る……。

小学校の門から、いまにも鬱屈した顔の少年が出て来そうだった。

久万高原

　T旅館に紹介されたのは村はずれの静かな隠れ宿だった。囲炉裏端で山の幸の並ぶ朝食を食べてから、久万高原に向けて出発した。

　久万高原の四十四番大寶寺へは峠を二つ越える鴇田峠コースと比較的緩やかな農祖《のうそ》峠《とうげ》コースがある。十二年前、鴇田峠を目前にして大雪に阻まれ、国道に戻って雪道を二十キロメートル迂回した時は雪の中に自ら倒れたいと思うほど精根尽き果てた。今回はその鴇田峠に改めてリベンジしたい。

　国道三七九号がT字路にぶつかるところで久万高原を示す道路標識に従って右折した。集落をいくつか過ぎたが何かおかしい。車庫入れをしていた青年に尋ねると逆方向だと言う。一時間以上も農祖峠コースを歩いていたのだ。あの標識は車専用だった。力が抜けた。青年がT字路まで送ろうと言ってくれ、躊躇したが乗せてもらった。

　彼は無表情で無口だった。そして目的地を通り過ぎ、不安が頂点に達する頃、山中のうどん屋の前で車を止めた。

「少しでも進んだほうがいいと思って。おかしいと思ったら早めに人に聞いてくださいね。どうか気をつけて」

やさしく諭すように言った。青年を疑ったことを申し訳なく思った。緊張が解けると我慢していたトイレを思い出した。うどん屋を覗くと休業である。がっかりしてあたりを見回すと一角に「ウォシュレットあり。ご自由にお使いください」とある。嘘のようだった。

二時間もしないうちに再び催した。この日はなぜかトイレが近い。やっと出会った人に教えてもらって三嶋《みしま》神社までの二キロメートルを急ぎに急ぐ。傾いたトイレの戸を開けて後ずさりした。絶望して神社を出ると目の前に「トイレご自由にお使いください」とある。無人に見える民家の屋外トイレは明るくきれいなウォシュレットだった。頬をつねりたくなった。

トイレが解決して一息ついたところでペットボトルに水がほとんどないことに気づく。この日は出だしからハプニングが続き、水のことをすっかり忘れていたのだ。自販機はもうない。思案しつつ歩いていると軽トラが止まっておじさんがぶっきらぼうにみかんを一個差し出した。私の顔に「水」と書かれていたのかと思うほどいいタイミングだった。軽トラのおじさんに助けられるのは何度目だろう。

「この近くで水を買うところがありますか」と聞くと、にやりと笑って、

「ないなあ。ま、四十四番まで我慢するんだね」と言って走り去った。

ひとまずみかんで喉を潤したが、この後水なしで峠を越えられるだろうか、途方に暮れながらひと気のない山道を進んだ。鬱蒼とした竹藪に乗用車が止まっている。車を覗き込むと身綺麗なおじいさんが出てきて、

「ご苦労さんです。これでも飲んでください」

キンキンに冷えた缶コーヒーだ。飛び上がるほどうれしく、お礼を言って喉を鳴らして飲み干した。脇を見ると竹樋を伝って山水が流れている。

「この水飲めますか」

「おいしいですよ。四十四番に着くまで冷たいはずです」

信じられない展開だった。ペットボトルに溢れさせて満たした。たまたま街から息

子さんと筍掘りに来たということだった。朝から不思議なことばかり。

下坂場峠《しもさかばとうげ》を越え、さらに標高七九〇メートルの鴇田峠を越えた。久万高原を見下ろしながら国道に出た時は心底ほっとした。足が重くて何度も立ち止まりながら四十四番大寶寺に辿り着いた。宿はさらに三つ目の峠を越えた先である。かの先達さんがバスに乗りたがるのも無理はないと思った。

最後の力を振り絞って峠を越え、足を引きずるようにして宿に向かっていると、前方からお遍路さんが来る。四十五番岩屋寺《いわやじ》打ち戻りのYさんだった。

「やあ」

屈託のない笑顔だ。いつも心を鎧っているように見えていたのでうれしくなる。短い立ち話の中で明日の宿が同じとわかった。

「再会ですね」

Yさんが愉快そうに言い、

「また明日」

私もハイタッチしたい気分になった。

倒れこむように宿に到着するとKさんがすでに浴衣姿で入浴の順番を待っていた。彼女はYさん同様農祖峠コースを歩いて四十五番まで打ち終えていた。宿泊客が多く、待ち時間が長くなりそうだったので、広めのお風呂に一緒に入る。朝食時にはすでに彼女の姿はなかった。

松山市街

八丁坂《はっちょうざか》の急坂を登って裏山から四十五番岩屋寺に下りた。標高七〇〇メートルの山岳霊場は原生林に囲まれ、岩壁と巨岩に埋め込まれるようにしてあった。寺域一帯がこれまでに感じたことのない、重々しく幽玄な気配に覆いつくされている。別世界に入り込んだ心持ちになったが、参拝後、長く薄暗い表参道を下りて明るいバス道に出ると現世に戻った。

四十六番浄瑠璃寺《じょうるりじ》を目指して松山方面に三坂峠《みさかとうげ》を下る。この峠は前回、膝までの積雪をラッセルしたところだ。上天気のこの日はジャングルのように木々が密生して暗く、前回の白く明るい雪道とまるで印象が違った。麓の集落に抜け出た時、初夏の陽光に目が眩んだ。

浄瑠璃寺を打ち終えると、旅館は門前にある。夕食時にはYさん、Kさんを含めそれまで見知ったお遍路さんが勢ぞろいした。八人も同じ食卓に並ぶと、前後左右に会話が飛び交い賑やかだ。間に挟まれた新顔のマイカー遍路のご夫婦はバツが悪そうにしている。Kさんは女性ながら三杯もご飯をお代わりして皆を驚かせた。

初対面の青年もいる。そのT青年とYさんはすでに顔見知りらしく、明日は五十三番圓明寺《えんめいじ》奥の温泉旅館に泊まるという。私はその十キロメートル手前の道後《どうご》温泉でゆっくりする予定だったが、Yさんに熱心に同宿を勧められる。奥座敷をイメージさせる「温泉旅館」という響きに心が動いた。四時半までに五十三番に着けば宿の迎えがあるというわずかな救いに背を押され、自信がないまま勧めに応じた。

Yさんは私の方向音痴を気遣って明日は一緒に歩こうと言ってくれたが、すでに三番先まで打ち終えている彼に迷惑をかけるわけにはいかない。時間までに着けるよう早起きして距離を稼ぐことにした。

四十七から五十一番までは問題なく進むはずだった。ところが四十七番八坂寺《やさかじ》でスマホを宿に忘れたことに気づく。往復二キロメートルのロス。気を取り直して四十八番西林寺《さいりんじ》に向かうが、四つ角のコンビニに入ったばかりに、出てから方角を間違って四キロメートルのロス。一時間で着くところを二時間半かかった。四十九番浄土寺《じょうどじ》を打ち五十番繁多寺《はんたじ》に急ぐ。庭先でお茶会中のシニア男女三人に熱心に引き止められ、断れずに二十分ほど腰を据えて油を売った。

五十番を終え五十一番石手寺《いしてじ》を打った後、道後の街中で立ち往生する。あと十三キロメートルも残っているのに絶望的な残り時間。通りがかりのコック姿の青年が、アーケードの中をわかりやすい場所まで案内してくれた。

そこから走った。「お遍路さ～ん」、先ほどの青年がミカンを掴んで追ってきた。周りの人々が立ち止まる。

「この方は今から歩いて五十三番まで行かれるのですよ」

「すご～い。頑張ってください」

青年へのお礼もそこそこに恥ずかしくなって逃げた。

愛媛大学近くの自販機前で中年男性に呼び止められ、「好きなものをどうぞ」とお接待の申し出である。遠慮したらお茶を買ってくださった。大学でお遍路の研究をされているという。話を聞きたそうであり、普段なら喜んで話をするのだがそれができなかった。上り坂を走り続けた。

後ろから「お遍路さ〜ん」、大きな袋を下げたシニア女性が走ってきた。

「お遍路さん足が速いね」。ぜいぜい言いつつ、

「好きなだけ持ってって。私は冷凍するんよ」

焼き立てパンのたくさん入った買い物袋を開けた。いい匂いが立ち上る。ふわふわのクリームパンをいただいた。ザックにしまう時間も惜しく、歩きながら食べる。食べながら、あの方この方なぜこれほどに親切なのだろうと首を傾けざるを得なかった。

五十二番太山寺《たいさんじ》に着くと参道の真ん中にYさんが立っている。長い時間待たせに違いなかった。父親を見つけた子供のように、今日の出来事を吐き出そうとすると、「話はあとで。本堂はまだまだ遠いですよ。僕は圓明寺で待ってます」と急かされた。

圓明寺

太山寺を大急ぎでお参りして五十三番へ向かった。信号でもたもたしていると「信号を渡らず左に直進。工事も無視。突き当たりが五十三番です」。ＹさんのＬＩＮＥは的確で、まるで上空から鳥の目で私を見ているようだった。息せき切って五十三番の門を潜った。五時を過ぎている。ＹさんとＴ君をさんざん待たせてしまった。宿の迎えも叶わなかった。

タクシーを待っている時「納経に行ってみたら？」、物静かなＴ君が言う。納経時間をはるかに過ぎている。納経時間は朝七時から午後五時までと決まっていて、一分たりとも遅刻を許さないお寺がほとんどだった。期待など持ちようもなく、明日のために場所を確認して置こうくらいの気持ちで行くと、納経所の戸締りを済ませて出てきた住職とばったり会った。

「納経？　どうぞ」

住職は嫌な顔ひとつせず納経所に戻ってくださった。

御朱印をもらって二人のところに帰ると、「こんなことってあるんだね」と二人は顔を見合わせた。忘れられない大切なお寺になった。

その夜Yさんの部屋にお膳が用意され三人で乾杯する。お互いのことは何も知らない。明日はバラバラに散って行く。私の失敗談を肴によく笑った。


次の日は宿の車に乗り、三者三様、昨日打ち終わった場所で降ろしてもらう。私は圓明寺前からスタートしたがすぐに道に迷う。もはや道迷いは平常運転。遍路二度目とはいえ道も札所もほとんど覚えていなかった。標識を見落とし、只々真っ直ぐに無心に歩いてしまう癖があった。学びも反省もないので迷うのは当然だった。しかし迷い道にはたいていキラリと光る宝物が隠されていた。

左手に伊予灘を見ながら県道を進む。風が強く、菅笠が煽られて体を持っていかれそう。雨も来る。連日の長距離歩行が障りとなって足が進まなかった。途中の郵便局で、暑くなって不要になったウィンドブレーカーや長袖シャツなどを長女の家に送った。ずいぶんザックに隙間ができ、重さも軽減された。

コンビニをはしごしたり接待所や若夫婦経営のパン屋で話し込んだりして、モチベーションを上げる工夫をしながら、何とか三十三キロメートル歩いてＪＲ大西《おおにし》駅に着く。宿のある今治《いまばり》へ電車移動して駅前のホテルに入った。

夕食を取るために暗い夜の街に出る。灯のともる居酒屋を数軒訪ねたが、席はあるのにことごとく断られた。コロナのせいか一見《いちげん》客のせいか、はたまた女のせいかはわからないがショックだった。


次の日、ＪＲ大西駅に戻り昨日電車で通過した五十四番延命寺《えんめいじ》を打つ。雨の中再び今治に向かって歩を進める。五十五番南光坊《なんこうぼう》、五十六番泰山寺《たいさんじ》、五十七番栄福寺《えいふくじ》を詣で、宿坊を予約している五十八番仙遊寺《せんゆうじ》に向かった。連日三十キロメートル越えの歩行で足が重い上に、五十八番の雨に濡れた粘土質の急峻な参道は、滑りやすくて気が抜けなかった。脂汗をかいて本堂に着いた。

宿坊はかつてモダンな造りと精進料理で有名な人気の宿だったが、予約時に告げられた通り、食事は質素な出来合いの冷たい弁当に変わっていた。部屋の灯りは薄暗く、お茶もなく、歯ブラシ、タオル、浴衣もない。布団も心なしか湿気ている。しかし不満をいうべきではなかった。空腹を満たせて屋根のあるところで休むことができるのだ。

このご時世、宿坊の経営も厳しいに違いなかった。十人ほどの客を女性がたった一人で仕切り、納経所と宿坊を走り回っていた。少しいらいらした様子が見て取れた。

翌朝の勤行は住職の奥様の遺影を前に妻を偲ぶ話であった。光の消えたような宿坊の空気は、重要な働き手だった奥様の不在から来ているのかもしれない。住職の愛と嘆きは十二分に伝わった。かの宿坊の女性が住職の読経に唱和しつつ木魚を叩く。参加者一人一人がお焼香した。奥様の法要のようであった。

同宿していたKさんは勤行に顔を見せず、いつも通り誰よりも早く出発していった。雨が降り続き下山を心配していると、先を行くYさんからＬＩＮＥが来る。

「あの参道は危険だから車道を下るほうが安全です」。その手があったのだ。彼はいつも肝心なところで露を払うようにアドバイスを送ってくる。お大師様の御使《みつか》いのようだと思った。

五十九番国分寺《こくぶんじ》（十五番、二十九番と同名）を打ち小松《こまつ》を目指す。雨が続き、遍路転がしの六十番横峰寺《よこみねじ》を後回しにして六十一番香園寺《こうおんじ》、六十二番宝寿寺《ほうじゅじ》、六十三番吉《きち》祥《じょう》寺《じ》を先に打つ。石鎚山信仰の六十四番前神寺《まえがみじ》は雨に煙って神隠しにでも遭いそうな妖気が漂っていた。

伊予西条《いよさいじょう》駅近くのホテルに落ち着く。Ｙさんも横峰寺を残して新居浜《にいはま》まで進んで戻り、近くで天候待ちをしていることがわかった。

Ⅳ　香川県（涅槃の道場）

篠笛

この日も終日大雨予報。雨が三日も続いている。先送りしてきた横峰寺登山を迷う。Yさんと情報交換し危険を避けて西条駅から登山参拝バスを利用することにした。徒歩で登山できないことは残念だったが、安全第一である。

横峰寺から駅に戻るとYさんが先に進みましょうと言う。まだ午前十時、当然の提案だった。だが体が異常なほどに重かった。連日の体力の限界ぎりぎりの歩行と、三十八日間の累積された疲れがここに来てどっと出た気がした。それに彼は昨日のうちに新居浜まで進んでいるので、ここから一緒に歩くとその分二度歩きになる。「足を引っ張るから」と遠慮すると「僕が引っ張りますよ」と柄にもなく軽口を叩いて自分で照れた。

連泊のホテルに戻ってベッドに倒れこんだ。それでも午後になると一駅でも歩こうと、気持ちを奮い立たせて七キロメートル歩いたが、すごく長い距離に感じた。今治の居酒屋で断られた苦い経験があったので、コンビニで晩御飯を買って帰る。伊予土居《いよどい》まで進んだYさんが西条に戻り、外食に誘ってくれたが立ち上がれない。気安く人に声をかけるYさんではないから余程の厚意なのに、それを次々無下にする事態が恨めしかった。

翌朝伊予西条始発の車両にYさんと乗り合わせる。私は一駅目の中萩《なかはぎ》で降り、伊予土居まで乗り続ける彼に手を振って見送った。完全に一日遅れになるから今度こそ再会は望めない。これまでの様々な助けに心の中で感謝した。そうはいっても必要な時にはきっとＬＩＮＥを寄こしてくれる気がした。なにしろお大師さまの御使いなのだから。

駅で雨具を着け、六十五番三角寺《さんかくじ》へ向けて、その手前の伊予三島駅を目標に讃岐街道を進んだ。前日と違って快調だ。途中、バラ園を開放している個人のお宅があってたっぷり楽しませてもらう。「見事なバラですね」と言うと主人は、「今年は開花時期に雨続きでこんな調子です」としおれたバラを掌に載せた。

寒川《さんがわ》の「みかんや」から子供たちの家に、シーズン最後の柑橘類を詰め合わせて宅配便で送る。昨夜珍しく、不登校の中学生の孫娘から「三十キロも歩くなんてえっちゃんすごい！　写真もじょうずだね」とＬＩＮＥが来た。母親宛に送るメールを見ているようだ。

「アンタの写真も大したモンだよ。とてもセンスがいい」。呼応するように送ってきた風景写真にコメントした。お世辞抜きに、光る何かが表現されていた。大人でも生きにくい時代にあって、不登校という形で自己主張する孫の胸の内を思ってやるせなかった。

三十二キロメートル進んで伊予三島駅から宿を予約している伊予土居に戻った。

宿に入ると足をかばって歩くＫさんに会った。このところ鎮痛剤を常用していると言う。泊り客は私たちだけ。彼女はいつも通りご飯を三杯お代わりした後、おかみさんに篠笛《しのぶえ》の演奏を所望した。

なぜここの篠笛をKさんは知っているのだろう。そもそも音楽に関心があることにも驚いた。ただ猪突猛進の元気印というだけではなさそうである。私は前回もここで篠笛を聴いたが、彼女は四回目であることをうっかり口を滑らせた。初めてのお遍路だと思い込んでいたが、知られたくない何かがあるのだろう。もちろん訊かない。

Kさんは最初に「月の砂漠」をリクエストした。おかみさんは以前より腕を上げ、哀切な笛の音はKさんを慰め、私を癒した。目を閉じて聴いているKさんの睫毛が少し濡れているように見えた。

五月十五日、四十日目。昨日歩き止めした伊予三島駅に電車移動し、六十五番三角寺に向かって歩き始める。久しぶりの登山。川之江《かわのえ》集落に入ると住民総出で山の中腹から平地まで溝さらえをしていた。おじさんに登山口を尋ねると、「手が入ってないから車道を行くほうがいいよ」。いつもの答えが返ってきた。それでも山道を歩きたいと言うと、

「そういえば昔、菅直人も山を行ったなあ。SP付きだったけど」

おじさんの忠告はここでも正しかった。勢いを増した草木が行く手を阻む。それでも久しぶりの荒れた山道をなつかしく感じながら三角寺に到着した。下山は三七〇メートル上った分を六キロメートルかけて国道に下りる。

別格椿堂《つばきどう》をお参りして今日の目的地の六十六番雲辺寺《うんぺんじ》麓の民宿を目指した。今度は苦手な国道をだらだらと七キロメートル上り返さなければならなかった。

雲辺寺麓には宿が一軒しかなく、小さな民宿にKさんを含め五人が集った。息子さんのお嫁さんが裏方に回り、九十四歳になる名物おじいさんが一手に接客をこなしていた。給仕もやる。親切だが出過ぎず客との距離の取り方が絶妙だった。Kさんのご飯のお代わりにもニコニコと応じ、みんなも笑い、狭い食卓が和やかなものになった。翌朝になるとみんな引き締まった顔で六十六番の「遍路転がし」にスタートして行った。

おじいさんは、十二年前私が泊まった時道路まで見送りに出て、

「またおいでね」

「次なんて……きっと無理だわ」と弱音を言うと、
「きっとまた来るよ」
　力強い言葉を返してくれた。それに引き寄せられるように今ここにいる。そしてお
じいさんに再び見送られ、手作り地図のお陰で迷うことなく四国霊場で一番高い、標
高九一一メートルの六十六番雲辺寺に着いた。
「涅槃の道場」、香川県に入っていた。

麦秋

雲辺寺から六十七番大興寺《だいこうじ》までの長すぎる九キロメートルを下りきると、おむすび型の小山とため池が目に付くようになった。香川は「うどん県」というだけあって麦畑があちこちに広がる。瀬戸内地方の柔らかな光を浴びながら、麦秋の平野を風に吹かれて気持ちよく進んだ。

観音寺《かんおんじ》市街に入り、六十八番神恵院《じんねいん》、六十九番観音寺《かんのんじ》（十六番は「かんおんじ」）を打つ。香川県は札所間が短く、あっという間に旅の終わりが近づいていた。

夜、台湾人のRさんを思い出してLINEすると、返信が来て、新しい会社で仕事を始めたといい、外国人ボスと並ぶ凛としたスーツ姿の写真と、会社からの歓迎の英文メッセージが添付されていた。判読するに彼女はかなりのキャリアがあるようで、引き抜きにあったように思われた。さらに、次の遍路は愛媛県から続けるともあった。互いにエールを送り合った。

観音寺の旅館を出て、のどかな財田川《さいたがわ》河畔を五キロメートル先の七十番本山寺《もとやまじ》に向かって歩く。河原に広がる鮮やかな菜の花とポピーの群生の道を、自転車通学の高校生たちが挨拶をして通り過ぎた。

七十番から七十一番弥谷寺《いやだにじ》までの十二キロメートルは、暑さと疲れから遅々として足が進まなかった。うどんを食べたり、郵便局に寄ったり、田んぼ脇のブロックを見つけて腰掛けたり、いつものように気分転換を試みるが回復しない。

足を引きずるようにしてやっと弥谷寺に着く。そして仁王門に入ってからの仰ぐような五四〇段の階段にため息が出た。本堂に着いて眼下に広がる讃岐平野のまばゆい景観を目にした時、一瞬だけ疲れを忘れることができた。

コロナの影響か一四〇年続く参道の俳句茶屋は閉っていた。

善通寺市に入って七十二番曼荼羅《まんだら》寺《じ》、七十三番出釈迦《しゅっしゃか》寺《じ》、七十四番甲山寺《こうやまじ》を打ち、七十五番善通寺《ぜんつうじ》に到着する。真言宗善通寺派総本山であり弘法大師誕生の地でもある当寺は、西院と東院に分かれ、あまりの広大さに本堂と大師堂を探して歩き回った。

七十六番金倉寺《こんぞうじ》まで進みたかったが、時間切れとなりホテルを予約している丸亀まで電車移動した。

翌朝戻って七十六番金倉寺を打った。七十七番道隆寺《どうりゅうじ》から再び丸亀市街を抜けて七十八番郷照寺《ごうしょうじ》をお参りする。

七十九番天皇寺《てんのうじ》に向かっていると民家の主婦に声をかけられた。自宅のお接待サロンに案内され、コーヒーと御菓子をいただく。先客に寡黙そうな男性お遍路がいて、主婦に訊かれるまま、彼は沖縄から来たと答えていた。

「沖縄から？　沖縄のお遍路さん初めてですよ」

この日一日沖縄さんは私の視界の中にあった。

天皇寺の手前に「八十八《やそば》のところてん」が名物の「清水屋《きよみずや》」があった。きちんとした建物があるわけでなく屋根を掛けただけの開放された空間である。深い緑に覆われて小さな森の風情だ。池に流れ落ちる水音が聞こえる。いかにも涼しげで素通りできなかった。席に座り、酢醤油味のところてんを注文した。疲れた体につるりとした冷たいのど越しが、どんなごちそうよりおいしく感じられた。

七十九番天皇寺を出て数百メートル過ぎてから御朱印をもらい忘れたことに気づいた。短い距離だから戻るのは簡単だったがその気になれなかった。それまでも何度も納経所に立ち寄ることを忘れそうになった。だからいつかはやるだろうと思っていた。参詣はするが御朱印にはさほどこだわりがなかったのだ。

八十番国分寺《こくぶんじ》（十五番、二十九番、五十九番と同名）を打って近くの宿に落ち着いた。Kさん、沖縄さんの顔がある。私を含め男性三人女性二人、五人の客は全員歩きの通し打ちばかりだった。ここまで来ると通し打ちのお客に収斂してくる。座持ちのいいおかみさんのお陰で、五人はすっかり打ち解け、賑やかな夕食となった。

大阪から来た最年長の男性とKさんは、この日ずっと同行してきたらしく、Kさんはこの大阪さんを「おとうさん、おとうさん」と呼び、どこか心を許しているふうに見えた。そんなKさんを見てなぜかほっとした。

鎮痛剤頼りの彼女の足は前にも増して悪化していた。本来なら誰より早く結願《けちがん》を果たしているはずの強い足だ。負けず嫌いの彼女としては無念であろう。私はそれまで使わずに済んだテーピングテープをお接待した。

翌日はおかみさんに見送られ、遠足のような気分で、五人揃って遍路転がしの八十一番白峯寺《しろみねじ》、八十二番根香寺《ねごろじ》登山に出発した。途中、上りに弱い私を四人は何度も待ってくれた。

下山はバラバラになって高松市郊外の八十三番一宮寺《いちのみやじ》に着いたが、Kさんと大阪さんは互いを気遣いながら最後に到着する。仲のいい老夫婦に見えなくもなかった。五人はそこで解散し、私は近くの温泉施設に泊まった。

その夜、YさんがLINEで、私が明日通過する高松市街の、安全で簡単な抜け道を教えてくれた。続けて彼は明日八十八番結願の後、志度《しど》に泊まるとあった。一日遅れの私も、八十八番を前に志度の同じ旅館を予約していた。再会はもうないものと信じていたので、この偶然には驚いた。

屋島

高松市街の簡単な抜け道をYさんに教えられたにもかかわらず、やはり街中でまごついた。何とか繁華街をくぐり抜けて、屋島の特徴ある台形を目印に八十四番屋島寺《やしまじ》に向かった。麓に着いてからさらに山頂の札所まで、石畳の急坂を一時間以上登らねばならない。ただただ上り一方の坂道にうんざりした。犬連れの品のいいシニア女性が下りてきた。犬がじゃれついてきたのをきっかけに立ち話になる。

彼女は「お急ぎではありませんか」と気にしたが、私は一息つけるのでむしろ幸いである。犬の話から遍路の話になった。

彼女は地元なのに、遍路に憧れ続けて果たせないまま七十四歳になってしまったと嘆いた。事情がありそうで

「人生を生き直したいけどもう遅いですね」

私が同年だというと

「まだ間に合うかしら」

「思いがあるのなら勇気を出して一歩踏み出してみたらどうでしょう。身近な札所から数日でも……」

私は四国の山河がどんなに美しく、心を癒してくれるか、人々がどれほど優しく慈悲深いかを、知らず知らずのうちに熱心に話していた。すると、

「それはあなたがそうだからですよ。今日はお会いできて本当によかった」

と涙ぐんだ。不意を衝かれ、慌てて別れを告げた。

私は誤解を与えてしまったのだろうか。歩きながら彼女の言葉を反芻した。そしてあのような言葉を発せられる彼女の徳の高さに思い至って、やっと動悸がおさまった。

八十四番を打ち終え、滑り台のような細い裏道を、細心の注意を払って下る。遅い昼食を取るためにうどん屋に入り、地図を開いて大変な勘違いに気がついた。残すは志度寺《しどじ》だけだと思っていたが、八十五番八栗寺《やくりじ》があったのだ。地図帳の境目にあって見落としていた。注文を取り消して店を飛び出した。

八十五番は急峻《きゅうしゅん》な登山になる。徒歩で登っていては明るいうちに宿に着けない。

ケーブルカーに乗った。下りはスキーのジャンプ台のような舗装の急坂を転がるように駆け下りた。七キロメートルを急いだが、八十六番志度寺の納経に間に合わなかった。

宿の玄関に立つとジョッキを持ったYさんがいた。既視感があった。松山市街を走り抜け、太山寺に駆けこんだ時もこんな柔和な顔をして参道で待っていてくれた。「ちょうど今、風呂上がりに一杯やりたくて。さあ早く上がって」

宿泊客は三人。同じ食卓に二人分のお膳が用意された。離れたところで大阪さんが一人で食事をしているのを気にしながら、Yさんの結願を祝って乾杯した。

おかみさんが「食後はお部屋でゆっくりお話ししてくださいね」と気を使ってくれたが当惑した。何も話すことがない気がするのだ。奇妙な出会いに始まり再会を繰り返すうち、強い仲間意識のようなものが生まれていたが、不思議なほど互いのプライバシーに立ち入ることはなかった。

いつかYさんに軽い気持ちで遍路に出て来た動機を尋ねたことがあった。「一度は体験したかったから」とその時はさらりと答えてくれたが、後で「ずいぶん失礼な人だと思いましたよ」と言われた。お遍路のマナー違反をぴしゃりと教えられた気がした。他人に言えない苦悩や悲しみ、複雑な悩みを抱えて遍路を回る人たちも多いのだ。Yさんもその一人かもしれなかった。

部屋に戻って、家族にいつものように今日のハイライトをＬＩＮＥした。そして明日結願すること、その日は門前の宿に泊まって明後日帰宅することを伝えた。子供たちは「おめでとう。やったね。ゆっくりして帰ってきてね」といった受け止めだったが、妹からのＬＩＮＥには、

「とうとう終わるのね。寂しい」

と書かれていた。

別れが近づいた朝食時に、Yさんは初めて自分から姓名を名乗り、七十歳だといい職歴を語った。立派な職歴であった。しかし「いろいろあって」早期退職を余儀なくされたようだった。今では本当にやりたかったことをやっている……。

Yさんは淡々と言葉少なに語ったが、入り組んだピラミッド組織の中で、強い人間

不信を覚える何かがあったのかもしれない。いつも気持ちを押し殺しているように見える理由もそこにあるのかもしれなかった。おぼろに輪郭が浮かんだ。最後の最後に心の扉を少しだけ開いてくれたことがうれしかった。

彼は外まで見送りに出てくれた。角を曲がる時何気なく振り返るとまだそこにいて、遠くで大きく手を振っていた。私もストックを掴んだまま大きく腕ごと振り返した。今度こそ本当にお別れ。お大師様の手の内を離れるような寂しさと心許なさを感じた。

旅の終わり

五月二十一日、四十六日目。遍路最終日のスタートだ。Yさんに見送られて向かった八十六番志度寺は、境内が奔放に伸びた草木に覆われて、まるで自然林に入り込んだようだった。納経所を探して藪の小道をさ迷った。お寺を出たところで小雨が降り出し、民家の軒先でポンチョを着けていると、先方に同じようにしている大阪さんが見えたがすぐに見失った。

八十七番長尾寺《ながおじ》を打っていよいよ結願寺の八十八番へ。「前山《まえやま》おへんろ交流サロン」に立ち寄ると大阪さんがお茶のお接待を受けている。共にお接待を頂きながら、その先のコースをスタッフの人と相談した。

私は、最初は変化に富んだ女体山《にょたいざん》コースを考えていたが、本来の遍路道ではないうえに、難コースなので私の足では無理そうだと言われる。雨上がりで滑りやすいのも懸念材料だ。残りの二つの遍路道を勧められ、大阪さんは県道コース、私は旧遍路道の花折峠《はなおれとうげ》コースを選択した。

峠道の入口で猿の一群に出くわす。今回の旅で初めて出会う獣だ。こわごわ近づくと左右に散って、森の木々をざわざわと揺らした。猿が消えた道には糞がそこら中に散乱していた。追いかけられるかと、しばらく後ろを警戒しながら歩いたが杞憂だった。応援だと思うことにして先に進む。

急坂の殺伐とした林道である。人っ子一人いないのは毎度のことなのに、この日は不安とうら寂しさが迫って来る。その思いを打ち消すように、暗い峠の湿ったベンチで、出がけにYさんからお接待されたバナナを食べた。甘い香りが森に漂う。

里の県道に合流して歩き続けた。しばらくして再び旧遍路道に入る。空も晴れて来た。旅が今日で終わることを時々忘れる。どこまでもどこまでも続くのどかな里道……。

八十八番大窪寺の仁王門が突然左手に現れた。突然過ぎて呆然となった。もっともっと道は続くはずではなかったのか。いきなりの断絶に理不尽ささえ覚えた。納得できないまま門前で機械的に記念写真を撮り、ゆっくりと階段を上って門を潜った。これが最後の門、と思った瞬間激しい寂寥感に襲われて目眩がした。

言いようのない感情がこみ上げる。達成感と裏腹の、寂しさ、虚しさ、やるせなさ……。惑乱してたまたまそばを通りかかった大阪さんに「家に帰りたい」と訴えた。駄々をこねる子供のようだと自覚しつつも、今夜独りで旅の宿に留まるなんて考えられなかった。旅の中で初めて家に帰りたいと思った。

「四時に志度行きのコミュニティバスがありますよ」

でも民宿を予約している。お赤飯と鯛で結願を祝ってくれる宿である。どんな宿でもこの時間のキャンセルは遍路のルール違反だった。それでも彼は宿に電話をしてみるよう言った。

電話口の女性は、長年結願寺のそばで民宿をやっていて、お遍路の結願後の様々な心模様を垣間見てきたのだろう。私の脈絡のない口調から何かを察したように、

「構いませんよ。気にしないで。ご苦労さまでした。気をつけてお帰りください」

苦情どころかやさしくねぎらうようにいった。思いもよらぬ旅の終わりだった。

高速道路で乗換のバスを待っている時、それまでずっと黙って寄り添っていた大阪さんが呟いた。

「うまい飯を作る女房でした。遍路は二度目です。一度目が納得いかなくて」

「三度目はありますか」

「いや、これが最後です」

大阪さんはすっきりした顔で答えた。

大阪行きが先に来た。「ありがとうございました！」。小柄な大阪さんが大きな声で、最敬礼するようなお辞儀をした。「こちらこそ」。私も慌てて深々と頭を下げた。

神戸行きが来て、暗くなりかけた車窓を見ているうち、肝心の八十八番の御朱印をもらい忘れたことに気づいた。改めて考えると本堂と大師堂をお参りしたかどうかも覚束ないのだった。

私の四十六日間の四国の旅は、終わってみれば夢の国の夢の旅のように思える。厳しい巡礼の旅とはほど遠く、目に見えないものに守られて、来る日も来る日もひたすら自由に、ふわふわと至福の中を漂っていた気がする。

明日からその道はない。混沌とした現実世界を歩き出さねばならないのだ。私に課せられた何かがあるように思う。今はまだぼんやりしているが、それは手強い旅になりそうな予感がした。

著者プロフィール
柳井 悦子（やない えつこ）
1947年熊本県に生まれる
1970年熊本大学理学部卒業
金融関係の会社を退職後
2010年、2022年四国遍路を踏破
兵庫県西宮市在住

七十代、ソロ活女子の四国遍路

2025年1月15日　初版第1刷発行

著　者　柳井 悦子
発行者　瓜谷 綱延
発行所　株式会社文芸社
〒160-0022　東京都新宿区新宿1－10－1
電話　03-5369-3060（代表）
03-5369-2299（販売）

印刷所　株式会社平河工業社

ISBN978-4-286-25969-7